上島武追悼論文集——社会主義へのそれぞれの想い

目次

上島武追悼論文集 刊行にあたって　山本恒人　2

資本主義・社会主義・市場経済、そして民主主義　井手啓二　3

上島の社会主義理念論　海野八尋　9

ソ連邦崩壊直後の労働生活——現地対面調査の記録　佐藤和之　15

中国の『資本論』研究概況とそこから考えたこと　瀬戸 宏　21

レーニンと「国家哲学でもある党哲学」　田畑 稔　27

「うっとり」社会主義者の追憶　西川伸一　33

社会主義経済における〈分配問題〉
——森岡真史氏の提起について　村岡 到　39

「社会主義の主体的要件」について考える　山本恒人　45

上島武さんを偲ぶ会　呼びかけ　西川伸一（社会主義理論学会共同代表）　51

上島武さんを偲ぶ会開かれる　52

集会での追悼の言葉　上島武先生を送る　山本恒人　52

上島さんの想い出　村岡 到　53

上島武さんを偲ぶ会に寄せられた追悼の言葉　54

井手啓二　紅林進　加藤哲郎　佐藤和之
田畑稔　本多三郎　山根献　芦田文夫
生田頼孝　海野八尋　大西広　岡本磐男
加々美光行　鎌倉孝夫　木村英亮
斉藤日出治　佐々木洋　重森暁　竹内敞夫
武田信照　徳永光俊　長砂實　松尾匡
松原和男　渡辺一衛　熊井巻夫　赤羽義章

上島武先生の略歴と業績目録　59

あとがき　村岡 到　60

上島武追悼論文集 刊行にあたって

山本恒人

上島武先生は「軽い脳梗塞」のご療養中、昨夏（二〇一六年）八月二一日に癌を併発されて急逝された。享年八一歳であった。ご子息からそれを伝えられた私は、直ちに先生が敬愛してやまなかった恩師故木原正雄先生のご門下、そして先生が最後に学会共同代表を務められた「社会主義理論学会」にお伝えした。同学会共同代表・西川伸一氏および同委員・村岡到氏が、学会有志そのほかの方々の手で「上島武さんを偲ぶ会」を開催することを即断され、同年一〇月八日、東京・お茶の水の明治大学でそれは開催された。偲ぶ会には一二名の方々が集い、三五名の方々から追悼文が寄せられた（巻末掲載）。この方々に心からの感謝を申し上げたい。

本書は、それをきっかけとして村岡氏が提案され、私もそれに同意して発刊に至った。本書の執筆者には「上島武先生を追悼するとともに、ロシア革命一〇〇年を記念する」という趣旨のみが伝えられ、二カ月の期限が示されただけであった。共通する理論的、方法的枠組みや論集の構成、個別テーマの設定はもとより一切なく、上島先生を追慕しつつ、「社会主義」をそれぞれ自由に論じることのみが発刊の目的とされている。お忙しい中、執筆者各位にはご無理を申し上げたが、それぞれの論考は上島武先生との対話をなしており、「ほう、そういうことなのですか」とか、とくに私などに対しては「なんだ、その程度かい」という声が聴こえてきそうである。

資本主義世界は政治的にも経済的にも大きなきしみ音をたてている。中世ジェノヴァで最低を記録した利子率は、四〇〇年を隔てて日本を筆頭にその史上最低記録を更新中である（水野和夫氏）。中世封建社会の場合、それをきっかけとしつつ資本主義社会に取って代わられていく時代を迎えた。自己増殖それ自体を目的とする資本の生存空間は確実に揺らいでいるにもかかわらず、それが社会主義・共産主義に取って代わられるという一九世紀、二〇世紀に輝いた理論的予言は、はたしてどのように陽の目を見るのであろうか。

東洋の片隅で、一介の研究者が来るべき新しい社会、社会主義と生涯をかけて向き合い続けた理論的思想的営為と社会主義の実現に対する彼の揺るがぬ確信とを、マルクス、レーニン、トロツキー、ブハーリンといった世界的理論家たちはどのような感懐をもって眺めていたのであろう。

本書を上島武先生と先生の研究生活を支えてこられたご家族に献ずる。（二〇一七年八月三一日）

資本主義・社会主義・市場経済、そして民主主義

井手啓二

1　マルクス社会主義論の問題点

故上島武先生は、私にとっては同じ研究室（京都大学・木原正雄）の先輩であり、この五〇年余、身近に接し学問上も、生き方の上でも多大の影響を受けてきた。それだけに哀惜の思いが深い。木原研究室は、「月曜会」という名称で関西規模の研究会を一九六〇年代初頭から今日まで継続しており、門下生の新年会も毎年もっている。

木原研究室は、ロシアをはじめ社会主義経済研究を主軸とする研究者集団である。数世代の研究者がおり、多様な研究を展開している。自由な学風で、マルクス経済学を理論ベースとする研究者が多いくらいが特徴で、共通の統一的理論体系をもっているわけではない。上島先生は、長砂實、芦田文夫、岡本武の諸先生からなる木原研究室の第一世代・創業世代であり、私たち第二世代の事実上の研究指導者層である。私たち後続研究者集団が、この第一世代から何を学び、どういうアドバイスを受けてきたかを語ることは、それが長期にわたり、広汎・膨大であるだけに簡単ではない。

第一世代の四名の研究者は、ソ連を主要対象として社会主義経済を研究してこられた。私は、その背中を見ながら今日まで中国と中欧の社会主義研究を主フィールドとしてきた。マルクス、レーニン、トロツキー、ブハーリン、スターリン、カウツキー、ローザ、チトー、ジラス、毛沢東、鄧小平をはじめ、ソ連・東欧・中国の経済学者（ツァゴロフ、カレツキー、ランゲ、ブルス、シーク、コルナイ、孫冶方、呉敬璉など）の議論を検討対象にし、また一橋大学を始め関東の社会主義経済研究者（野々村一雄、副島種典、大島國雄、山内一男、岡稔、佐藤経明、宮鍋幟、森章、岩田昌征、西村可明など）の研究について意見交換してきた。議論してきたテーマも論者も誠に膨大、関西を中心に月曜会に招請した国内外の研究者も多数で多様なメンバーであった。こうした意見交換のなかで月曜会メンバーは、それぞれ自らの理解・立場を深め、固めていった。第一世代の先の四名の研究者は、それぞれに個性的で魅力的であった。四名の見解やコメントはいつも傾聴に値した。

上島先生はしばしば長砂・芦田の両先生の理解に疑問を呈する寸言的コメントをされ、刺戟的であった。ともあれ私も、研究室の同世代の集団と見解を交換しながら、第一世代を乗り越える研究を目指してきた。上島先生はソ連経済史・歴史に集中されていたので、私との直接的接点は、主としてマルクス主義・社会主義の理論領域にあった。私は上島先生の理解に同感するところも多く、『転機に立つ社会主義』（世界思想社、一九八五年五月）では山本恒人氏と共に共著者に加えて頂いた。だが、当然ながら理解の異なる点もあった（拙著『中国社会主義と経済改革──歴史的位置』法律文化社、一九八八年一〇月参照）。上島先生との最

大の理解の違いは、マルクス社会主義論の限界を巡る理解であったと思う。上島先生は、後続の研究者である私からみれば、マルクスや社会主義の古典的著作を厳格に尊重する姿勢を堅持され、そこから離れることには極めて慎重であり、その点では頑固なまでに原則的であった。

私は、一九六〇年代後半～一九八〇年代の検討を通じて、現存社会主義の問題はマルクス社会主義論の限界が関係していることを次第に深く認識することになった。資本―賃労働関係の止揚は正鵠をえているが、社会主義は商品・市場経済を廃止するという理解は根本的間違いであると考えるようになった。市場経済を前提にした社会主義（社会主義市場経済）はありうるし、現実的に実現可能な社会主義はそうならざるを得ないと確信するにいたった。したがって、その後に出現した、中国における一九九二―九三年の社会主義市場経済化路線の採択は、歴史上最初で画期的な方針転換であり、それが成功する可能性は相当高いと考えてきた。

私の理解では、人間集団・社会による生産の社会的・計画的制御というマルクス社会主義論は有効であるが、マルクスの言う、連合した生産者による商品・市場経済の止揚すなわちアソシェーションの実現は超長期の「極限概念」であるほかない。市場経済と資本主義は区別されなければならない。非マルクス経済学（古典派、新古典派）では、市場経済と資本主義は同一のもので、近代社会以降では永遠の超歴史的体制である。

マルクス派は、より科学的で、大要次のように市場経済と資本主義とを区別している。商品・市場経済は歴史と共に古い。商品取引は、古代の共同体間で最初に生じ、共同体制・奴隷制・封建制のもとで体制の周辺部で商品・市場経済は存在し、発展する。それが生産者と生産手段の分離過程（本源的蓄積過程）をへて、「二重に自由な労働者」を生み出すに至って資本主義は成立し、市場経済は満面開花する。それが支配的体制を確立するのは機械制大工業時代以降である。

大要、上のような理解はマルクス派に共通であるが、市場経済は資本主義の発展と共に満面開花すると理解されており、理論上、商品・市場経済は私的所有と社会的分業の下で発展するとされてきたため、社会的所有の確立（資本―賃労働関係の廃棄）は、商品・市場経済の止揚と理解されてきた。マルクスを素直に読めばそうなる。

歴史的に最初の社会主義制度は、ソ連製である。マルクス理論に導かれながら、具体的青写真が不在の下で、発展途上国ソ連で一九三〇年代前半期までに造りだされたのが中央集権的・行政管理的社会主義計画経済制度（非マルクス経済学で言う「命令・指令経済」制度）であった。このソ連製の計画経済制度は、ソ連・東欧でもアジアやキューバでも当初は大きな成功を収めたものの、その後の持続的な経済発展をもたらすことができず、様々なタイプの経済改革の試みを呼び起こした。後からみれば、非社会的所有の容認や市場経済の導入の試みは、理論・イデオロギー上の制約から不徹底さを免れず、ユーゴスラビア、ハンガリー、ポーランドで部分的成果を挙げたにとどまる。かくして社会主義はソ連・東欧では一九八九～九一年に自壊・自滅するほかなかった。このソ連・東欧の動きを見ながら、中国共産党は一九九二―九三年に大転換に踏み切った。市場経済と資本主義とは異なる、市場経済と社会主義は両立しうるという認識への到達である。その際、生産力・生活水準の向上に役に立つ制度はすべて可であるという、健全なプラグマティズム、及び東欧・ソ連の諸改革の理論と実践の猛烈な学習・総括が力を発揮した。一九九二―九三年の中国社会主義市場経済論の登場は、突然の変異物とか、ご都合主義的理論とかではない（ちなみに、私は九二年以前から社会主義市場経済論者であった。「市場と計画-社会主義の到達点」経済理論学会年報第二九集『市場と計画』青木書店、一九九二年参照)。

「君の理解では、私は保守派ということになるな」、「君以外の中国経済研究者は、中国の社会主義市場経済論をどう考えているのか?」というのが二〇一五年正月の新年会で交わした上島武先生と私の最後の会話である。スターリン主義・ソ連社会主義・毛沢東思想批判など多くの点で共通の理解を持ちながら、マルクス理論についての理解では完全に一致するには至らなかった。なぜそうなのかは、私にはまだ十分に理解できていない点がある。これは別に上島武先生に限らないが、世代的な差による点が大きいのであろう。

私のマルクス社会主義論理解、中国社会主義市場経済論理解は、日本では、いまなお少数派見解である。社会主義の理論および現実の理解の仕方の二点に違いがあるのであろう。中国経済の発展を見ながら、かなり多くの中国経済研究者が「中国は資本主義に移行中」、「中国は国家資本主義である」、「中国は大衆資本主義である」、「政府主導型資本主義の類型に属する」、「現代中国を理解するには経済開発論や途上国経済論のフレームワークで十分」などと述べる。これが現在の日本における多数派見解である。研究者でなくても、中国経済はそのうちうまくいかなくなるというのが日本での多数派見解であろう。そう考える判断根拠は人により大いに違うようである。社会主義だからそれはもともと成り立たない、一党制で民主主義が制限されているから、資本主義は永遠だから等々である。

市場経済＝資本主義、私的所有なき市場経済は機能しないという理解が大方の理解である。私はこのような理解は正しくないと考えている。市場経済と資本主義は区別されなければならない。市場経済と資本主義とを区別するマルクス派経済学者は多いが、社会主義市場経済の成立を認める経済学者は多数ではない。それはなぜか? マルクスは市場経済と資本主義を区別しているが、マルクスには社会主義市場経済論はないからである。マルクスにあっては、商品生産は社会的分業と私的所有のもとでのみ生ずるとしているためである。経済学者たちは長年、社会主義と商品生産の関連を巡って議論を続けてきた。一九八〇年代初頭までにマルクスの商品生産論の先の定式化は正確には商品生産の必要・十分条件を示していない、とする議論が登場した。わが国では藤田整教授(『ソヴェト商品生産論――社会主義経済におけるその半永久的存続』世界思想社、一九九〇年七月）に代表される。しかしこの藤田整教授に代表される見解はなお多数派見解になっていない。ソ連型計画経済について研究したことのある経済学者が少ないためであろう。そのため市場経済と資本主義の区別と関連については、極めて多様な見解が存在している。さらにソ連型社会主義が事実上一党制をとり、言論・集会・結社の自由を制限してきたため、民主主義・基本的人権や市民社会と資本主義・社会主義の関連の議論が混乱・錯綜することとなっている。中国社会主義は経済面では過去の社会主義理論を乗り越えたが、政治面では過去のロシアマルクス主義・スターリン主義・毛沢東思想を乗り越えてはいない。資本主義・社会主義・市民社会・民主主義の関連は深く検討されなければならない。

私は、ソ連型社会主義経済の歴史的経験は、社会全体を直接に、指令的計画化で運営することは不可能であることを十分に示したと理解している。かって岡稔教授が述べられたように指令的計画化（行政的調整）では「利害・効率・情報」を処理できない。人類史において社会的資源配分方法はJ・コルナイが定式化したように大別して、倫理的調整、暴力的調整、市場的調整、行政的調整の四種しかない。マルクス社会主義論は、アソシェーションであり、協議システムである。コルナイの四つの調整論では倫理的調整あるいは行政的調整に該当しよう。これは農民社会や発展途上国水準から出発した社会主義国では勿論、高度に成熟し、発展した米・欧・日の資本主義先進国から出発した社会主義でもすぐには実現しようがない。社会全体を「一つの工場」、「一つの企業」のようには運営できない。社会的分業の各関節の連関は、結局、市場的調整を基本とするほかない。

市場的調整を基本としながら、社会が主体となって社会経済全体をマクロコントロールするシステムが社会主義である。資本主義では、社会は市場の中に埋め込まれる傾向をもち、市場・資本に従属する。そこでは優勝劣敗、寡占・独占の形成が必然であり、資本―賃労働関係の拡大再生産がおこなわれる。社会主義の下では国有・社会的所有セクターでは、資本―賃労働関係は廃止され・その他のセクターでも大きな規制を受ける。市場の社会への埋め戻しがプロセスとして進行することになろう。すでにK・ポラニー、F・ブローデル、I・ウォーラースティンにより明らかにされているように、現実の経済は自給的生産（生業セクター）や小規模な個人的商品生産（商品経済セクター）、大規模で社会的な商品生産（資本主義セクター）が並立している。二〇世紀の先進資本主義国においては、金融部門と軍事部門が肥大化し、カジノ化とクローニー化が進行している。別の表現では、資本主義市場経済は、資本-賃労働関係の拡大再生産および寡占・独占の形成により、恒常的に公正な自由競争の実現を妨げ、カジノ化・クローニー化に傾く傾向をもつ。公正で自由な競争の確保は、市民社会の側からの社会的・国民的資本規制として展開されるが、階級的社会構成のため資本の権力、それを擁護する国家権力の強力な抵抗に遭遇せざるをえない。政・財・官・学の四位一体化、軍需産業界・金融業界と国家権力の結合は発達した資本主義社会では普遍的現象である。

2　中国の社会主義的混合経済の理解をめぐって

発展途上国中国は社会主義を目指しており、市場経済を前提にしながら社会主義的発展を追求する方向に転じた。ここで、市場経済に基づきながら、それを社会的規制の下におくことは可能なのか？　その必要・十分条件は何か？　資本主義市場経済と社会主義市場経済の相違点はどこにあるのか？　などの問いは当然出てくる。

市場経済の魂は、経済単位間の自由競争である。自由競争は、個性と創意発揮のメカニズムであるとともに、優勝劣敗・弱肉強食のメカニズムである。したがって、自由競争は寡占・独占を生み出し、自由競争の否定・変質を必然的に生み出す。公正な自由競争の確保なしには市場経済は十分に機能しない。市場メカニズムの本性および資本主義の歴史的経験からみて、市場メカニズムは様々な欠陥をもつ。資本主義の展開は、その欠陥を是正するため経済への国家的・社会的干渉を呼び起こしてきた。国家の経済的役割の拡大は法則的歴史的傾向である。現代資本主義国家ではGDPの四割～六割は国家の支配下にある。市場の「見えざる手」とともに、国家による「見える手」がうみだされている。「見えざる手」と「見える手」の組み合わせ、「見える手」を行使する主体・目的が当然問題になる。市場経済にもとづく社会主義でも、「見えざる手」と「見える手」のこれらの問題を解決していかなければならない。改革・

開放政策の採用以来のこの四〇年間、中国もこの問題に取り組んできた。中国における社会主義市場経済化の四〇年の歩みと現在をどうとらえるか、については度々論じているのでここでは述べない（さしあたり「改革の全面的深化路線下の中国経済――習・李政権の4年」『立命館経済学』第六五巻第五号、二〇一七年三月参照）。

ここで少し論じたいのは、工業化の低水準段階で社会主義的発展の道を歩み出した中国では、国有（社会的所有）部門と並んで、多様な非国有部門が存在する社会主義的混合経済であるという現実についてである。中国は社会主義国ではないとする諸見解の一部には、市場経済＝資本主義と理解する見解以外に、中国における非国有部門の圧倒的存在の現実に根差していると思われるからである。

中国の就業者の最多数は、非社会的所有部門で働いている。したがってここから中国の現実は「大衆資本主義」であるという理解も生じうる。私の理解では、大規模な社会的生産が支配的ではない段階で社会主義的発展が選択されると多ウクラード経済にならざるを得ない。中国の現実では、社会的所有の全一的支配の伝統的社会主義時期を経て、改革・開放政策の採用とともに、非社会的所有部門が拡大し、なお現在も拡大の最中にある。中国社会の現実は、農業・商工業・サービス産業において小規模な個人的・社会的生産が広汎に圧倒的に存在し、大規模な社会的生産部門においても国有・社会的所有部門と並んで内・外資による資本主義セクターが存在する混合経済（社会主義的混合経済）である。この現実は大変複雑であるが、ここではその姿を簡単にみておきたい。

中国ではあらゆる産業部門に国有企業が存在し、経済を主導する、いわゆる瞰制高地では支配的である。国有企業数は、財務省統計では二〇一四年末で一六・一万企業（中央企業五・四万、地方企業一〇・六万）、国有資産監督管理委員会統計では一一・三八万企業（中央企業四・〇六万、地方企業七・三二万）である。これら国有企業がＧＤＰの約四割を生産している。国有部門就業者は六一七〇万人～一億人前後と推定される。全就業者七億七六〇三万人の概算一割～二割前後である。

中国の大企業は国有企業以外では、内資私有大企業および外資系企業（外資系企業は一六年現在二六六六万人を雇用している。その最大企業の台湾の鴻海グループ一社で一〇〇万人超を雇用している）が存在する。内資私有大企業と外資系大企業の両者が中国における資本主義ウクラードを代表する。この資本主義ウクラードは労働者・農民国家によって制限され・規制された資本主義であり、レーニン風に言えば「国家資本主義」ウクラードと言い換えてもよい。

中国統計の国有企業・会社企業（有限・株式会社、就業者八二〇五万人）・外資系企業の就業者合計は一億七五九八万人である。これが中国の大企業部門とみなしてよく、就業者の約二三％を占める。ただし、会社企業および外資系企業の公有・私有区分は不分明な点がある。

残りの大半は、農民、個人企業（通常、従業員七人以下、一五年就業者一億一六八二万人、平均従業員二・一人）及び、私営企業（通常、従業員八人以上、同一億六三九五万人、平均従業員八～一一人）の就業者である。農民数を仮に第一次産業就業者二億一四九六万人（全就業者比、二七・七％）と見做せば、農民・個人企業・私営企業の就業者総数は約五億人、就業者の約六四％を占めることになる。

近年の趨勢として、国有企業部門および外資系企業部門の就業者数は漸減もしくは横這いで、新規就業者の大半は私営企業および個人企業が吸収している。

中国の就業者統計では農民工の一部分が捕捉されていないと推定され

るが、上の統計から得られるのは、中国の就業構造における小零細経営・小営業部門の圧倒的比重である。中国の資本主義セクターは、上述のように内資系私有大企業および外資系企業に代表される。外資系企業は絶対的には拡大しているが、国民経済における比重は減少傾向にある。内資系私有大企業の比重・役割は拡大とみてよいが、近年混合所有化やＰＰＰ（官民連携）の大々的推進を見ているため、その評価には難しい点がある。中国の公式政策は「国進民進」とされ、国有部門と民有部門の共進・振興政策である。

国有部門がＧＤＰの約四割、投資の約四割を占めているので、経済発展の規模と方向・内容は国家により社会的に強く規制されていると言える。

資本主義の下でも国家の経済的役割は歴史的にプロセスとして拡大傾向にある。社会的所有が一定規模を占める社会主義の下ではさらにいっそう拡大する。そうであれば、Ｗ・ブルスが指摘したように、社会主義の下では国家の民主化、「プロセスとしての民主化」がますます重要になる。周知のように中国では歴史的経緯から狭義の民主制（普通選挙制）は採用されておらず、共産党による指導制がとられている。ここから中国国家がどこまで国民を代表しているのかという問題が生じる。さらに言論・結社の自由、基本的人権の保障、国民の安全と平和の保障など民主主義の概念を広くとれば中国でも問題・課題は大きく、多い。ソ連型の伝統的な行政管理型社会主義の制度では、民主主義の発展はみられなかった。民主主義の発展はすぐれて上部構造である市民社会の成熟にかかっている。長期の官僚制支配の伝統をもつ中国では今なお身分制的制度が存在する。農民と都市民を区別・差別する戸籍制度が存在する。社会保障制度においても身分制的かつ地域的区別による相違が大きい。国民諸階層の同権化過程は大きく進んでいるが、民主主義の満面開花は今後の課題である。私は経済的発展、生活水準の向上、共同富裕の発展と共に中国の民主主義は展開すると考えている。

中国における市民社会の成熟化のためには、生活に余裕のある中産階級の大規模な形成が不可欠である。中国では村民や町民を基盤とする従業員集団所有的企業や従業員持ち株制企業は、欧米日より多く存在する。だが市民的連帯による生活協同組合や生産協同組合はほとんど存在しない。中国の集団的所有制は、過去においては国有企業により従業員のために設立された準国有企業であった。現在農村において漸く生産者・消費者たちの自発的協同組合の結成が進んでいる段階である。都市では創新・創業のいわゆる「双創」政策の展開のなかで親戚・友人・知人間の共同所有企業が大規模に出現してきている。

（長崎大学・立命館大学名誉教授）

上島武の社会主義理念論

海野八尋

はじめに

一九八八年に村岡到、石井伸男（故人、哲学者）両氏と語らって社会主義そのもの、つまりその理論、思想と現実をイデオロギーで解くのではなく、実証と論証で、言い換えれば、科学的に研究する、したがって学会のスタイルとして会員の主張をそれ自体として互いに理解し、その会員の人格を尊重し、異論を認めつつ同意の幅を広げ、深める議論ができる学会・社会主義理論学会を立ち上げた。

同じ経済学者とはいえ、資本主義経済における蓄積とマクロ経済政策研究を中心とする私は上島さんのお名前は知っていたが、面識がなく、この学会でのお付き合いで同氏がヒューマンな社会主義者であることを知り、その後の著書を見てその知見を知った。しかし、筆者の生活はその後、中曽根政権以降始まった外国人留学生の急増、自らの管理職への就任、職場の新自由主義的改編の開始・法的強制（国立大学法人化）と経済理論学会役員就任で多忙を極め、過労起因の面倒な病気を発症し、痛みを抱えて床につき、研究も不能という事態に陥った。医師から休職または退職の勧告を受けてしまった。やむなく、同僚達には勤務上の配慮を要請し、また自ら立ち上げに関わった社会主義理論学会他から撤退した。しかし、上島さん（以下敬称略）が共同代表に就任してくださったことで、私は大きな安堵を得た。

1　国家社会主義研究の現代的意義

上島の主要業績は周知の通り社会主義経済論、とくに旧ソ連の「革命」からその崩壊までの経済史であった。社会主義経済論研究においてはしばしば、ただ事実を取り上げて紹介する程度の論文が見られた。また、諸事実を論拠や実証もなく肯定し、その政策や経営を評価する研究も多かった（特に中国研究）。しかし、上島の研究は、なぜその政策が採用されたか、なぜそのような議論がなされたか、政策と論争はどのような結果を生み出したかを事実をもとに誠実に分析、評価している点が特徴であった。

実は、あの巨大なソ連のシステム崩壊から三十年ほどたつが、このシステムがなぜ崩壊したのか、回避する途はなかったのかを経済学の立場から説明している研究は少ない。つまり、実在した国家社会主義の展開と滅亡の、また成功と失敗の原因の解明は未だ十分にはなされておらず、したがって資本主義の改革のための教訓、新しい科学的代替策についての合意はないままである。

崩壊の原因が処刑、投獄を伴う共産党独裁・個人独裁、中央集権制と官僚支配、自由と参加の欠如が非人間的であったという巷間の評価自体は全く賛成である。しかし、「悪辣な非人道的な共産主義者の政治的失敗」に帰すのは容易であるが、それは社会科学的結論ではない。旧ソ連圏における遅れた資本主義からの「近代化」の「成功」と「最終的失敗」を実証と論証の両方から検討する作業は、新たな繁栄と悲惨な事態を同時に生み出している旧ソ連圏を含む「グローバル化経済」の対抗策を模索するうえで絶対に必要であろう。

十九～二〇世紀の自由放任原理の資本主義が貧困と労働苦、侵略と大戦を生み出した。それ故、社会主義は対抗思想として青年学生、知識人、労働者の多くに強い影響を与え、理論化（社会主義システムの稼働必要条件の解明）は不十分のまま国家社会主義として具体化された。それは資本主義の理念的現実的代替であったのだ。

今また、経済的自由主義の極致として貨幣―商品（生産手段と労働力）―生産―商品―貨幣という資本循環のグローバル化（商品・労働力・貨幣市場の内外一体化、無差別化）が確立過程に入り、新旧自由主義言説の楽天的予言と異なり、新たな災厄が次々と出現し、さらに予想されるとき、災厄は「自由化の遅れのせいであり、より自由化を進めれば問題は解決する」と言い張るのは極度に科学的根拠に欠ける。グローバル化は内外自由化、規制緩和の推進の結果だ。

実在の資本主義の代替として、第二次大戦後は一方には「国家独占資本主義」即ちケインズの国際通貨制度論（清算同盟）の要素を含んだブレトン・ウッズ体制のもとでケインズ有効需要論・管理通貨制度論を支柱とした財政金融政策、社会民主義的諸制度・政策―労働保護と社会保障―と、他方「国家社会主義」（主要生産手段の国有化、官僚主導の経済計画作成と指示、企業の自主性排除、労働者参加排除、雇用・社会保障）という二つのシステムが成立した。両者は政治的には核武装して対抗しつつ戦後世界の平和的経済成長と経済生活の向上をもたらした。今、新たな災厄が世界を襲っているとき、我々はその原因と対策を考えるうえで、戦後、一定の成果を上げた二つのシステムの成功と失敗についての実証と論証につとめるべきだろう。なぜなら改革のヒント、真理は過去と現在の現実の中からしか見つからないのだ。

自由で凶暴な資本主義（帝国主義）が国家独占資本主義と国家社会主義に代位されたのに、その行き詰まり打開策が「官僚支配の規制の体系」であった両者の「選択肢なしの規制緩和」、解体つまりグローバル化（政治的には新保守主義、新自由主義）だというのは情緒的皮相的に過ぎる。大衆や科学的探求力の弱い「知識人」（政治家、官僚、文化人、学者、メディア）は情緒的に説得的な「真実よりも魅力的な嘘」にとびついた。日本は敗戦国であり、国連による戦後経済再建策を審議、決定した「ブレトン・ウッズ会議」（一九四四年）に参加しておらず、その意義、役割を理解した人材はきわめて少数であったし、一九八〇年代には戦後復興に関わった世代もいなくなった。旧ソ連の代表はブレトン・ウッズ会議に参加しながら、協定を批准することなく途中で帰国し、ルーブルを用いた独自の国際決済融資貿易機構をつくり、東欧を経済的にも支援・支配した。

2　ソ連経済研究の困難さ

とはいえ、旧ソ連の経済システムの成立、成長、崩壊の過程を総括し、教訓を導き出すのは容易なことではない。旧ソ連では現地の大学教員すら正確な経済情報・統計が利用できなかった深刻な事情があった。

筆者は一九九〇年代の旧体制崩壊後のロシアを何度か訪問し、現地の複数の大学教員との交流や工場・病院・保育所・老人ホーム・孤児収容施設（養育放棄）などの見学をできうる限り積極的に行った。その際、現地の大学研究者（エリート）が国際機関に報告された自国のマクロ的データを利用できていない現実を知った。経済統計情報も国内では秘匿の対象であり、旧ソ連時代以後も関係官僚と一部の特権的大学研究者だけがそれを独占していた。しかも、外国（資本主義国）の経済データも彼らは利用できていなかった。どうやって経済学研究をするのだろう、というのが筆者の疑問であった。市場経済、資本主義の実態を感性的に理解していない彼らがやっていた「原理研究」とはなんと『資本論』の解釈そのものであった。幸か不幸か、マルクスは『資本論』で多くの『議会青書』（イギリス議会-庶民院、枢密院が発行した調査報告書）を引用して自説の「実証」に利用している。しかし、かの旧ソ連経済研究者はそれ以外の資本主義を知らないのだ！　また、大学人が大学以外の諸組織を訪問・研究・調査することも制限されていた。私の見学に同行した人々は皆、初めて社会福祉施設を見学し、現実に驚いていた（旧ソ連崩壊で既に行動制限がなくなっていたにもかかわらず）。彼らは筆者と違い、当然その分野における日ロの違いもわからない。したがって、多くの経済学者はすさまじい経済危機を自分の生活実感として理解するだけで、社会的量的数値、質的大量変化としては全く把握できていなかった。このため、共同セミナーを開いても（過去と現在の）ロシア経済と必要な政策・制度に関してロシア側の大学教員は主体的発言ができず、出るのは体験している実生活の紹介と現実と対策に関する筆者への説明要請だけであった。公開シンポジウムでも、いつもロシア側報告者は大学周辺の個々の地域、コルホーズの実態報告だけであった。彼らと学生は、国連出所のデータを用いた私のロシア経済についてのマクロ分析報告でロシア経済全体の概況を知ったのである。おそらく研究者として彼らは屈辱を感じたに違いない。そこで出た質問は「先生はどうやって旧ソ連、ロシアに関する統計データを手に入れたのですか?」であった。実は、我々が考える「経済学研究」はモスクワ、ペテルブルグの政府研究所と上位大学（学位授与権を持つ）が担い、それ以外の大学の教員の職務は文字通りの「教育活動」（教科書はなく、多くは講義を学生に記述させる）に限定されていた。わずかな書籍と資料の利用には正教授の許可が必要であった。正教授のみ秘書付き個室を使用でき、他は高校の職員室と同じように生徒用と同じ小さな机と椅子が配置された控え室を利用していた。こうした事情に加え、さらに公表されたデータの正確性も問題になるので、旧ソ連研究はロシア人にとってもきわめて難しかったに違いない（但し、現在のロシアにおける大学の事情ついては承知していない）。

3　上島の社会主義展望——理念的社会主義像

上島は「社会主義建設」開始当時からのソ連の経済政策を解明してきたが、ペレストロイカ開始以来、特に精力的に破綻の原因と解決策解明に取り組んでいる。上島が「大学講義録」としているその著書『ソ連史概説』に拠れば、巻末で以下のようにあるべき社会主義を展望している（筆者整理）。

①階級支配・他民族支配の装置、関係としての国家の廃止
②公共性維持・社会内利害対立調整の機関としての国家の存続
③官僚と常備軍の廃止（垂直的な行政・軍事権力の排除）、NGO・ボランティアの活用（官僚の専門性は相対的なもの）
④経済政策として：国家によるマクロ的な計画の立案、市場による国・

企業の計画の検証、健全な通貨発行、過渡期における労働者・消費者・専門家による経営・生産計画作成・私有・集団所有・公有の並立、「三つの自主」（自主計画、自主資金、自主管理）。

上島の「社会主義展望」とは、ソ連経済崩壊の総括としてあげられる社会主義経済の必要条件であり、それが欠けていた国家社会主義経済は停滞し、それが体制崩壊の経済的背景となった、と彼は考えている。それに対して筆者は概ね賛成である。特に④の部分は重要である。しかし、以下のような点で不十分さを感じる。

A　国際経済関係考察の必要

提起された政策は国家の自給を前提して有効である。ブレトン・ウッズ体制は不十分ながらも、それを可能にするよう機能した。それに反対する勢力の運動が強まり、経済グローバル化が進められ、「国家の自給」と正反対の経済運動が支配的である。戦後体制、経済グローバル化の評価、そこからの教訓についての説明は上島にはなく、彼の構想は事実上、封鎖的国民経済を前提のモデルになっている。自給を保証する国際中央銀行、国際通貨の発行、ダンピングの禁止、外為制度等についての展望を社会主義者はどう与えるか、検討が必要である。

B　抑圧関係としての「国家の廃止」の内容

原理的に賛成であるが、それをいうだけでは不十分で、より立ち入った要件が必要だ。国内的には議会制、政治的民主主義、具体的には犯罪者を除く選挙活動の自由、自由立候補制、立候補者の財産公開・経歴詐称・虚偽の事実の流布の禁止、選挙活動の自由の保証と適正な資金制限、絶対秘密投票制、公開開票制、比例的定員制度、人口比例定員、独立した選挙管理委員会、議会制、直接請求権の保証、傍聴権の保証、議員リコール権、上級公務員の決定あるいは解任についての投票制、文書による政治過程の記録、記録の保存と公開等々の制度が必要である。悪しき旧ソ連の教訓が大いに生かされねばならない。

国際的には、「抑圧関係」は国家間、民族間、部族間でも発生する。民族自決権の無条件承認が必要であり、それ以外に少数者の自立・自決権も、連邦参加の自主決定権と同時に認められなければならない。旧ソ連が、そして今もロシア、中国、中東諸国が続けているように武力（軍事力、警察力）を用いて自国（連邦制でも）に異民族を編入してはならないのだ。当然、多数派民族の少数民族居住地域での居住は少数派民族の許容する範囲内でなければならない。複数民族で構成された国家において少数派民族の言語による生活、教育、立法、行政、司法その他すべての活動は保証されなければならない。少数派民族の外交・軍事以外の自治権は保証されなければならない。少数民族が自治権を有し、彼らが独立国家を樹立する権利は無条件で保障されなければならない。しかし、これらは経済学で語りえる問題ではない。

C　官僚と常備軍の廃止

この点についての上島の見解はあまりにナイーブにすぎる。無政府主義との区別もつかない。戦争体験から来る軍と官僚に対する反感は理解するが、両方とも民衆の権力にとって永い過渡期にわたって必要だ。競争の激しいグローバル資本主義経済において対外拡張、対外侵略、国内抑圧の経済的要因は消失していない。侵攻に備える最低限の軍事力、国内治安のための警察力、議会主義の下で法の執行を具体的に行う官僚機構（政府）は不可欠だ。問題は立法、司法、行政の三権分立と強力装置の三権への従属、およびそれぞれの民主化である。上述のような議員以外の上級公務員の選挙制（信任制）、情報の記録義務と徹底公開、憲法裁判、企業・団体献金禁止と献金情報完全公開などの改革が必要だ。専制政治、政治・行政腐敗を防止するために不断の民主化の進展、権力の監視、国民の知識と知的思考能力の向上が必要だ。権力、宗教、企業、社会諸団体等外部からのメディアの独立は不可欠要因だ。不適切な情報操作防止のためのメディアの自主的相互監視制度が必要だ。

ＮＰＯ、ＮＧＯ組織が社会に有益、有効であるのはもちろんだが、それらが官僚機構に代替できるはずはない。また、既存のそれらの組織の一部が経済団体、暴力団、詐欺師たちの政治的、経済的活動組織になっていることにも注意が必要だ。

国際紛争の解決は、依然として困難だ。村岡到が指摘しているように国内常備軍の縮小、廃止のためには、各国の民主化、国連軍創設が並行しなければなるまい。核兵器の実験、製造、保有、使用禁止、廃棄の運動が成功しなければ、その展望は開けない。

4　置塩学派の社会主義論

上島と同世代に属する故置塩信雄は彼の体系を展開した代表作『蓄積論』（一九六七年、筑摩書房。改訂版、一九七六年）においては「社会主義」について言及しなかった。しかし、ソ連崩壊を受けて、一九九三年、自主管理・市場利用の社会主義像を提起した。それは、市場の一般均衡論モデルを用いて（需給一致前提）、分配平等条件をつけた労働者の「貨幣投票」（商品の選択・購入）と「足の投票」（労働者による労働力の買い手選択、移動、職業・企業選択）の自由の保証、また「声の投票」（企業内の発言権──「対等経営参加」）の自由を保証し、政府はこれが機能するように再分配と安定化策を採る、というものだ（置塩信雄『経済学はいま何を考えているか』大月書店、一九九三年）。その見解は上島の見解と重なる。

これを引き継いだ松尾匡は、「大きな政府の失敗」という認識の下に、福祉等の公的運営停止、事業の市場移管を提案した（『この経済政策が民主主義を救う』大月書店、二〇一六年）。この場合、政府は基準所得（シビルミニアム）を保障し、金融的安定化策を採る「基準政府」とされる。事業体は市場競争渦中にあり、自己責任・自己決定の運営原理に従うことになる。同じく、置塩構想を継いで北野正一は、改革の実現過程における協力と社会の持続可能性を考慮して、コミュニティ積上げ型を提起した。

置塩とその門下による経済学的社会主義論それ自体に基本的な異論はないが、いずれも上島同様、非グローバル化経済（ブレトン・ウッズ型世界経済システム）を前提した議論であり、そのままではグローバル化された現実においては単なる構想にとどまる。「大きな政府の失敗」とされているスタグフレーションとその後の巨額の公的債務もブレトン・ウッズ型システムの弱体化・放棄と連動して生じた。ブレトン・ウッズ協定廃棄後の為替変動、それに刺激された経済活動の投機化、中国他の為替ダンピングによる外資・技術導入と輸出、その結果としての先進国の国内産業・雇用空洞化、破綻の緩和と停滞打破のための大量国債発行・赤字財政支出による需要補填と銀行救済といった、国家の調整機能を超える経済グローバル化の進行は「大きな政府」それ自体から生まれたのではない。むしろ逆である。政府はブレトン・ウッズ時代と違って景気浮揚効果を大きく減殺した財政赤字支出や金融緩和（金融自由化）を続け、公的債務を増大させ、時には緊縮政策まで実施し、長期停滞を生み出してきた。

メカトロニクス化（ME化）が日本に遅れた欧米はME化＝革新投資ブームと旧国家社会主義圏の収奪・低賃金労働力導入で一定の成長を遂げたが、その当然の結果として失業率は上がり、サブ・プライムローン投機崩壊＝〇八世界経済危機以降は日本同様に停滞基調に陥っている。先進国企業の投資はグローバル化し、国内投資・雇用は停滞し、国内政治対立が深刻化している。国際所得較差は合法・非合法の移民の増大を招き、中近東・中南米・アフリカの政治危機が絡んで先進諸国の国内政治状況は複雑化している。

それは「国家の自給」型システムを放棄した結果であり、国家が管理できないグローバル化した市場に、公的領域を任せるのは妥当ではない。グローバルな投資、消費、労働力売買、金融活動に対し国民国家は効果的調整機能を持たない。「社会主義」を「空想から科学へ」移すには前提となる非グローバル経済実現、自給型国民経済確立、国際共同制確立が必須である。そのための具体策、理念型を提起することが「社会主義」展望には不可欠である。自己責任・自己決定を環境視点から内外規制する、言い換えれば、蓄積を地球的次元で適正管理するために必要な施策も新しい社会主義の展望に収められなければなるまい。

また、彼らの構想には地球温暖化やそれとは区別される地球環境の変化（巨大地震、巨大太陽フレアなど）に関わる部分がない。環境社会主義者の研究にもわれわれは学ぶ必要がある。彼らの多くが言う「ゼロ成長」社会が果たして「社会主義」に相当するのか、考えるべき課題は依然多い。一九世紀におけるマルクスらの資本主義理解は十分ではなく、論証抜きの社会主義の提案は原理的な構想の次元にとどまった。このためソ連、中国では生産手段の国有化、集中管理が社会主義の具体的形態として理解され、実行された。生産と消費の質的量的統制、職業・居住地選択の規制、計画立案・実行のための強力な官僚組織、それらを管理する強力な集権的専制政治が適応的に成立した。その欠陥はいまや議論の余地はない。封鎖体系の下での市場の活用、民主的公権力による市場のマクロ的管理と不公正行動の規制・排除、労働力市場における労使対等の保証、外部市場諸条件の整備、公的社会保障が経済政策として必須である。さらに、そうした封鎖体系を成立せしめる国際経済関係構築と地球環境の保全も社会主義経済の展望に含まれなければならない。ソ連経済に通じていた上島と議論すれば、彼の知識と論理から新しい見解が開陳されたであろう。残念でならない。

（金沢大学名誉教授　経済学）

ソ連邦崩壊直後の労働生活
――現地対面調査の記録

佐藤和之

1　問題関心

上島武は晩年の著作において、マルクス・エンゲルスの「我々が負けたとしても我々としてはもう一度やり直すだけのことである」という立場を共有しつつ、ロシア革命とソ連史の徹底した総括を追究している。またその場合、従来のソ連研究がソ連崩壊を視野に入れることのできなかった理由を、自己批判的に問い直している。(1) だが、ソ連崩壊を予期できなかったのは、研究者だけではなく、それはロシアに生きる民衆も同様だった。しかも彼らは体制転換にともなう経済混乱、すなわちハイパーインフレや賃金未払あるいは失業といった現実を、生き抜かねばならなかった。なかには、自殺に追い込まれた者もいる。

この小論は、ソ連崩壊直後の労働生活と現地の人々の声を、素朴な調査方法で記録した一部であり、(2) 筆者にとっては「やり直し」の出発点としての意義をもつ。一九九一年のソ連崩壊直後から、筆者は頻繁にロシアを訪問していたが、現地での見聞と日本でのマスコミ情報や公式統計とのズレを実感し、それゆえ街頭で対面のアンケート調査を試みることにした。実施した時期と都市は、一九九九年八月ノヴォシビルスク、二〇〇〇年三月ハバロフスク、同年八月エカテリンブルグ、同年八月モスクワ、二〇〇一年三月ヴォルゴグラードである。

概して人々は協力的だったが、滞在延べ日数が少なく、出会った人と長時間の議論になることも多かったので、結局、収集したデータ数は一二九に終わった。それでも、そこに現れた数値は一定の傾向を示しており、生きた人間の生活が反映されている。彼らの自由な意見も、対話しながら拾い集めてみた。そして、ベラルーシ出身のノーベル賞作家スヴェトラーナ・アレクシエーヴィッチが言うように、「一人の話は個人の運命だが、百人の話は歴史になる」(3)。

ノヴォシビルスクのレーニン広場では、人々が集まって来て見知らぬ者どうしの討論会となった。また、友人らと創立したという新会社へ筆者が招かれ、西側「エコノミスト」としての意見を求められたりした。ハバロフスクでは、アムール川の畔でアンケートをとっていると、三人組の男がウオッカを差し出してくる。彼らは「論拠と事実」紙の記者だったが、議論が尽きないので彼らの自宅で続行した。モスクワ中心部では「匿名のアンケートだから大丈夫です」と訴えても、ほとんど回答を得られない。「一〇ドル払えば答えてやる」と言う者までいる。ところが、なぜか救世主キリスト大聖堂の前では人々が協力的で、ある人は「これがペレストロイカの贈り物だ」と言った。それどころか、アルバート付近で「エコノミスト」だという若い女性と激論していると、いつしか周囲に人垣ができ、何処からかビールの差し入れが届く。

こうしたエピソードは無数にあるが、多岐にわたる討論内容のすべては紹介できない。それでも以下、ささやかな記録の一部を再確認し、ソ連と真剣に向き合い社会主義を追究し続けた、故人の遺志を少しでも受け継ぎたく思う。「ロシア革命一〇〇年」の今日、それは世界史的な重要課題でもある。

2 労働生活

調査結果を集計し、当時のロシアにおける労働生活を探ってみたい。アンケートの質問項目は、年齢・性別・職業、物価への評価、賃金などの所得、労働時間、求職方法に関するものである。さらに自由記入欄として、「労働、経済、政治ないし国際社会について意見があれば書いて下さい」という項目を加えたが、この回答に関しては次節で紹介する。また、アンケートとは別に、ロシア在住の友人・知人らが記録した、都市別の物価と家計簿も一部活用した。若干の公式統計は、参考指標として示したにすぎない。

〈所　得〉

全体の平均所得は、一カ月三七四〇・八三ルーブルになる。しかし所得分布をみると、全体の七六・二%が三〇〇〇ルーブル以下に集中しており、なかでも一〇〇〇ルーブル以下の者が三四・八%いる。他方、一万ルーブル以上の高額所得者が九・二%存在する。また、ジニ係数は全体で〇・五九九、モスクワで〇・五六九、他の都市で〇・四九七となり、フォンド係数はそれぞれ六六・九、七〇・〇、三五・一となった。なお、一九九九年は一ドル＝二五ルーブル、二〇〇〇年と二〇〇一年は一ドル＝三〇ルーブルで、ロシアの人々は換算していた。

男女別の平均所得は、男性四八二七・八二ルーブルに対して女性二八五三・一三ルーブルであり、男性は女性の約一・七倍である。また、年齢別の平均所得は、四〇代の五三二三・五七ルーブルをピークにして山をなす。さらに、職業別の平均賃金が高いのは、金融・マネージャー・研究職であり、逆に低いのは医療・秘書・教育である。非就業者の所得は低く、年金生活者の所得額はほぼ年金額とみてよいだろう。学生の所得は、バイト代や奨学金である。その他には、職業を答えなかった者や失業者、主婦などがいる。

地域別の平均所得は、モスクワが七一六九・二四ルーブル、エカテリンブルグが二六七七・三三ルーブル、ハバロフスクが二四一八・四六ルーブル、ノヴォシビルスクが二一七〇・八五ルーブル、ヴォルゴグラードが一九〇〇・〇〇ルーブルである。モスクワの平均所得は、ヴォルゴグラードの平均所得の約三・八倍である。また、エカテリンブルグ・ハバロフスク・ノヴォシビルスク・ヴォルゴグラード四都市の平均値を基準にすれば、首都モスクワは地方都市の約三倍の平均所得を得ていることになる。農村との所得格差については、ここではデータ不足で分からない。

当時の三年間でも、所得は伸びている。但し、モスクワの所得は格別に高く、データも毎年は収集できていないので除外。その上で、一九九九年の平均所得を一〇〇とすると、二〇〇〇年には一一一・六、二〇〇一年には一二二・五まで伸びている。

〈労働時間〉

全体の平均労働時間は、週四〇・一三時間である。分布を調べてみると、四〇時間から四五時間の間に三八・一%が集中し、この割合が最も多い。

また、五〇から五五の間にも一八・一%が分布しており、第二の山を形成している。印象として、平均一日八時間週五日ないし六日で計算している者が多かった。七五時間以上働いている者も三・九%いるが、これは建設労働者・航空エンジニア・経営者などの一部である。

労働時間が〇、すなわち失業中と答えた者は一人だけだった。これは、自分を「失業者」として自覚している者がほとんどいないことを意味する。この場合の「失業者」とは、実態や失業登録の有無とは関係のない、本人の認識の問題だろう。こうした現象は、自分を失業者と認めることに抵抗感があるというより、実際には僅かでも所得があったり、短時間でも働いている者が多いということではないだろうか。現に、失業中と答えたモスクワの一〇代男性も、月一五〇〇ルーブルの収入があった。

また、就業者として回答した者の中に、実際には賃金未払い等の状態、つまり〈隠れ失業〉状態にある者が含まれていると推測される。この〈隠れ失業〉者も、自分を失業者とは自覚せず、アンケートへは本来の賃金・労働時間等を記したのだと思う。逆に、例えば年金を受給しながら就業している〈隠れ就業〉者も、ここではうまく反映してないものと考えられる。さらに、複数の収入源があるとした者もいなかった。なお、公式統計上の失業率は、一九九九年一二・二%、二〇〇〇年九・八%、二〇〇一年八月八・二%である。

職業別の平均労働時間では、運輸交通・建設・経営が長く、学生・販売・秘書が短い。ここでいう経営は、自営業者を含んでいる。学生の場合はアルバイトの労働時間だが、モスクワ以外の都市では就業機会がきわめて少ないらしい。販売は、店頭販売や営業セールスなど多様な形態を含むようである。また現地での観察によると、路上や市場における露店の営業時間もまちまちである。年金生活者は、労働時間〇という回答だった。

〈物　価〉

ロシア各都市における、物価に対する人々の評価も質問した。「高い」という回答が最も多く、全体の七七・六%を占める。ちなみに、「高い」と答えた者の平均所得が月二四九八・二七ルーブルであるのに対し、「普通」と答えた者の平均所得は月八六五四・五五ルーブルだった。但し、唯一「安い」と答えたのはハバロフスクの二〇代の女性で、所得は月三〇〇〇ルーブルと記している。ところで調査中、「一概に言えない」とする者も出てきたので、物価全体の評価とは別に、「何が高くて、何が安いと感じるのか」を具体的に示してもらった。AV機器・コンピュータ－・住宅は高く、食料品・印刷物は普通で、建築資材・電力は安いという意見が多い。外国製品の参入が多い商品市場ほど、その全体の価格相場が高く、逆に国産製品の占める割合が大きい市場では低い、と大筋では言えるように思う。

アンケートとは別に、筆者とロシア在住の友人・知人らの記録から、都市別の価格を集約してみた。それで分かるのは、首都モスクワと地方都市との価格差が、あるとしても一～三割程度だということである。したがって、モスクワと地方の所得格差を考えると、地方での生活は相対的に苦しいということになる。但し、地方都市在住のロシア人がモスクワへ行って気づくのは、空港や鉄道駅構内の売店、レストランやナイトクラブなど、特定の場所での料金はかなり高いということらしい。

また、通貨危機のあった一九九八年以降、物価全体は安定に向かいつつあり、同時に所得も増加してきているが、物価上昇には追いついていない。なお、公式統計上の消費者物価上昇率は、一九九八年八四・四%、

一九九九年三六・五%、二〇〇〇年二〇・二%、二〇〇一年九月一三・九%（前年一二月比）である。

〈家計の例〉

ロシア在住の友人・知人らの協力で作成した家計簿モデルに、現地で収集した物価データを入力して、ハバロフスクにおける家計支出を試算してみた（図表）。その場合ここでは、平均的な一人暮らしの労働者を想定している。個々の品物の価格には幅があるから、安く見積もったのが「金額L」の系列であり、高く見積もったのが「金額H」の系列である。この質素な生活に必要な一カ月の消費支出額は、一六〇五から二八九〇ルーブルであることが分かるだろう。ハバロフスクの平均収入額は二四一八・四六ルーブルであるから、それを基準にすると平均消費性向は〇・七から一・二となってしまい、またエンゲル係数は六〇・七%から六〇・九%となる。但しここでは、ダーチャ（セカンドハウス）の自家菜園による食料などは考慮していない。

家計簿モデル

支出	金額(ルーブル)L	金額(ルーブル)H	備考
住居費(1DK40㎡)	300	550	ガス・水道代込み
光熱費	150	150	電気代・暖房費
市内電話	60	60	固定料金
市内交通定期	100	100	バス・路面電車,1回5ルーブル
食堂の昼食	400	1000	職場にあるものは安い
間食	128	160	ピロシキ2コづつ16日計算
バトン4本	16	24	1本で5, 6食分あるパン
板チョコ7枚	56	140	
スパゲッティ4袋	28	48	
卵30コ	42	90	
ジャガイモ2kg	10	20	
キャベツ3コ	24	48	
玉ねぎ1kg	9	16	
にんじん1kg	9	20	
りんご4kg	48	100	
レモン10コ	30	50	
牛乳1L5コ	50	75	
ジュース1L4コ	80	120	
紅茶3箱	45	84	1箱25袋入り
トイレットペーパー2巻	6	10	
雑貨・その他	14	25	
1ヶ月合計	1605	2890	

図表:ハバロフスクの家計支出2001年

〈求職方法〉

求職方法に関するアンケート調査の結果をみておきたい。「知人の紹介」が二二・一%で最も多く、「新聞広告」が一二・一%でそれに次いでいる。続いて、「職業安定所」が五・〇%、「インターネット」が三・六%、「斡旋業者」は二・九%。「探していない」と答えた者は二五%、「無回答」は一八・六%あった。

3　人々の声

アンケートの自由記入欄に記された意見のうち、特徴的なものを紹介したい。この回答を梃子にして、口頭でもよく議論になったが、それらは省略する。なお、時々の社会情勢や地域性を微妙に反映しているので、若干の記事を付け加えた。経済情勢の流れとしては、ソ連邦崩壊直後から続いたGDPの下落が一九九七年にプラスに転じ、ハイパーインフレが終息しかけたのも束の間、一九九八年には金融・通貨危機に襲われ、そのダメージから脱却しきれない状態が続いていた。この時点で人々は、ソ連の「社会主義」と、ロシアの粗野な資本主義とを経験したことになる。

〈ノヴォシビルスク一九九九年八月〉

一九九七年一二月、隣接するクズバス炭鉱で爆発事故が発生し、多くの労働者が死傷した。その後も、各地の炭鉱などでは賃金未払いや劣悪な労働条件に抗議してストが続発する。

○政府は人々の世話をしたがらない。私たちは彼らを必要としていない（事務員・三〇代・女）。（以下、○＝女、☆＝男）
○すべての物事（経済・政治）に対する評価がとても低い（主婦・五〇代・女）。
☆やむを得ず、エリツィンの国家体制を変えなければならない（警察官・二〇代・男）。
○今はネット・マーケティング、つまりインターネットに金を稼ぐ好機がある（市場専門家・四〇代・女）。
☆我々の不安定な経済と政治の中で、高給で面白い仕事を見つけることを願っている（文化工作者・四〇代・男）。
☆計画経済の崩壊は経済の衰弱をもたらした。市場取引は効果がない（航空技師・四〇代・男）。
○大統領と彼の側近を交代させることが不可欠だ（学生・一〇代・女）。
☆過去も未来も炭鉱は閉鎖すべき。我々には木炭の資源がある。社会主義の荷は重すぎる。我々には平和と協力が必要で、多くの兵器は必要ない（機械技師・五〇代・男）。
○①大部分の炭鉱は閉鎖すべき。②経済は真面目にすべき。③大統領令は経済発展を阻害している。④アジアとロシアの国家協力が必要だ（設計技師・四〇代・女）。
☆大切なのは人間を正すことで、そうすれば経済や政治などは変わっていく。問題は経済ではなく、それを営む人々にある（オムスク出身・学生・二〇代・男）。
○職を見つける機会が少ない。職探しの機会を拡大すべきだと私は考える（教員・二〇代・女）。
○良い国になるよう、私たちの経済を変えることができるかは分からない。とても頭のいい人間による、とても強くて並々ならぬ進展が必要だと思う（学生・二〇代・女）。

〈ハバロフスク二〇〇〇年三月〉

一九九九年九月、モスクワで爆弾テロが連続的に発生し、住宅が破壊され多数の市民が死傷した。当局はチェチェン人による犯行と断定し、以後ロシア軍のチェチェン攻撃が再開される。一九九九年一二月以降、エリツィン大統領が辞任し、プーチンが大統領代行となる。
○必要なのは、労働人口に仕事を保証すること、年金を約二倍に増やすこと（年金生活者・六〇代・女）。
☆ロシアでの生活と仕事を普通にするためには、皆に職と安全の保証を与え、政府機構に秩序をもたらすことが必要だ（リサザヴォドスク在住・鉄道労働者・二〇代・男）。
☆効果がない財政政策、大きくなりすぎた国家機関、低水準の社会福祉（新聞記者・二〇代・男）。
☆国内ビジネスのルールを作り西側資本を引きつけ、ロシアにおける民主主義の土台の安全を保証すべきだ（新聞記者・二〇代・男）。

〈エカテリンブルグ二〇〇〇年八月〉

二〇〇〇年五月、プーチンが選挙を経て正式に大統領に就任する。二〇〇〇年八月、モスクワの地下道で爆弾テロが発生し死傷者が出た。
○政治には関心がない。希望の持てないことだから。外国へ行き、そこではどんな暮らしがあるか見てみたい（一〇代・学生・女）。
○急速なインフレ、損する経済。プロによる厳しい政治が必要だ（会計・二〇代・女）。

〈モスクワ二〇〇〇年八月〉

二〇〇〇年八月、バレンツ海で演習中の原子力潜水艦クールスク号が沈没し、乗組員は全員死亡。モスククワでは、オスタンキノTV塔の火災事故で死傷者を出した。

○私は経済計画において、ロシアは生気を取り戻していると感じる。だが経済を全快にするには、さらに多くの時間が必要だ（外資系銀行員・二〇代・女）。

○破壊者による政治と経済の崩壊。米国人らが国際社会を買収している。ヤンキー・ゴー・ホーム！（エコノミスト・二〇代・女）。

☆我々の経済は時限爆弾のような印象を生む。いつ爆発するか分からないからだ（学生・二〇代・男）。

○自分の収入では自分の子供たちに良い教育を与えられない（ノヴォシビルスク在住・教員・二〇代・女）。

☆クールスク号の救助艇のために、我が国だけでも労働や金の提供ぐらいはできた（マネージャー・四〇代・男）。

☆私は自分の仕事が気に入っている。だがロシアの経済情勢は、大多数の国民に高い生活水準を保証するような賃金の支払いを不可能にしている（地下建設労働者・三〇代・男）。

○経済は発展させる必要がある。大統領は申し分がない。彼が援助する必要がある（技師・五〇代・女）。

○私は、経済的・政治的に無知なロシアの国に不満だ。もっと出版を自由にすべきだ（文献学者・三〇代・女）。

○仕事を見つけるのは大変だ。経済は不安定。政治は面白くない（会計・二〇代・女）。

〈ヴォルゴグラード二〇〇一年三月〉

この冬、シベリア各地ではマイナス五〇度もの寒波に襲われた。

○この世界で生存するのはとても困難だ。しかし、それでもやはり陽気！。なぜなら、私たちはロシア人だから！（ハバロフスク在住・ダンス教師・二〇代・女）。

○仕事は多く賃金が少ないということは、経済はすべて正しくないことを意味している（プログラマー・三〇代・女）。

以上、調査途中で私服警官に逆尋問されたり、空港税関で目を付けられたりしたが、記入済アンケートは、すべて持ち帰ることができた。調査中、楽しい思い出もあるし、相手に泣き出されたこともある。実際ここには、ロシア民衆の希望と絶望とが詰まっている。とくに、彼らの苦しみや怒りを、忘れてはならない。協力してくれた名も無き人々に感謝すると同時に、上島武が残した「やり直し」作業を、受け継いでいきたく思う。

〈注〉

(1) 上島武『ロシア革命・ソ連史論――カウツキーからドイッチャーへ』（窓社、二〇〇三年）、同『ロシア革命史論』（窓社、二〇〇八年）など。

(2) 詳細は、拙稿「ロシアの労働生活――現地面接調査による考察」『経済・経営研究』第三五号二〇〇二年（明治学院大学経友会）を参照。

(3) 二〇一六年に来日した際の発言。なお、『死に魅入られた人びと――ソ連崩壊と自殺者の記録』（群像社、二〇〇五年）、『セカンドハンドの時代――「赤い国」を生きた人びと』（岩波書店、二〇一六年）などの著書が、翻訳・出版されている。

（佼成学園中高等学校教員）

中国の『資本論』研究概況とそこから考えたこと

瀬戸 宏

1 中国での『資本論』翻訳出版状況

まず、中国での『資本論』翻訳出版情況を確認しておきたい[1]。

中国での『資本論』紹介は、一九二〇年に費覚天が『資本論』第一巻ドイツ語版序文を翻訳し、『国民』十月号に発表のが最初とされている。その後一九三〇年に陳啓修（北京大教授）が『資本論』第一巻第一分冊（第一章~第三章）を翻訳し、上海・崑崙書店から出版した。陳啓修は、カウツキー国民版第八版（一九二八年）を底本にしたと述べている。陳啓修の当初の計画は、一〇分冊で全訳することだったが、この企ては第一分冊で中絶した。

一九三二年、三三年には潘冬舟が『資本論』第二、第三分冊として第四章~第十三章を翻訳し、北平・東亜書店から出版した。第一章~第三章はすでに陳啓修訳があるので訳さず、それ以後を翻訳したのである。潘冬舟は第一巻の全訳を目指したが、これも第二、第三分冊だけで十四章以降は刊行されず、中絶した。

これとは別に、侯外廬・王思華訳で一九三二年『資本論』第一巻上冊が北平国際学社から出版された。第一章から第七章までである。その後、中冊・下冊も刊行され、一九三六年に、侯外廬・王思華は上中下冊を合わせて『資本論』第一巻全訳を世界名著訳社から正式に刊行した。

このほか、一九三四年に呉半農・千家駒訳『資本論』第一巻第一分冊が中国有数の出版社である商務印書館から出版されている。二人は全訳をめざし、第一巻の残り部分の訳稿は完成していたが、商務印書館は国民党の白色テロを恐れて出版しなかった。

一九三八年に至って、郭大力・王亜南による『資本論』全訳（第一巻~第三巻）が、上海・読書生活出版社から刊行された。この時にはすでに抗日戦争（日中戦争）が始まっており、刊行にはたいへんな苦労があったという。出版数は二千セットで、延安にも送られ、毛沢東が入手年などをメモしたものが現存しているとのことである。

中国革命勝利・中華人民共和国建国後には、一九五三年に郭大力・王亜南訳改訂版が人民出版社から刊行された。発行部数は二万セットであった。郭大力訳は広く読まれ、後述するマルクス・エンゲルス・レーニン・スターリン編訳局版が出版された後も、二一世紀の今日まで刊行が続いている。

一九五六年には、中国共産党中央マルクス・エンゲルス・レーニン・スターリン編訳局（中央編訳局の前身）訳『マルクスエンゲルス全集』刊行が開始され、『資本論』も含まれた。一九七五年に、中共中央マルクス・エンゲルス・レーニン・スターリン編訳局訳『資本論』全三巻が人民出版社から刊行された。ドイツ語版『マルクスエンゲルス全集』第二三巻に基づき、ロシア語版や郭大力・王亜南訳を参考にしたと明記されている。また、二五一本の独自注釈が付けられている。同時期に出版された二十四史（『史記』『漢書』など歴代王朝が編纂した二十四の歴史書）など、文革中であっても地味な出版物刊行作業が続けられていたことは、記憶されて良い。

文革後には、長く一九七五年版が『資本論』の標準テキストとされてきた。また、一九八三年には『資本論』第一巻フランス語版の翻訳も出版された。中央編訳局による訳である。二〇〇四年に編訳局訳『資本論』中国語版第二版が人民出版社から刊行された。これが、現在通行のテキストである。注釈が一新され、五一〇本に増加している。

2　中国での『資本論』研究Ⅰ（一九四九年—一九七九年頃）

ここでは、中華人民共和国建国以後を中心に紹介し、中華人民共和国建国以前は別の機会に譲りたい(2)。

題名の中に『資本論』を含む論文の発表数、年度を中国の国家プロジェクトである学術論文データーベースCNKI（中国知網、中国国家知識基礎設施　China National Knowledge Infrastructure）で検索すると、二〇一七年八月五日時点で計四四九五篇の論文が見つかる(3)。その発表年度別一覧は、下表の通りである（欠年もある）。

まず気がつくことは、改革開放政策提起（一九七九年）以前の『資本論』研究論文は決して多くないことである。特に文革中は年間数本しかない。

この時期の中国は、ごく初期を別にして一九五三年以降は計画経済が実行されていた。一九六〇年代前半に中ソ対立が公然化するまでは、中国の『資本論』研究はソ連の研究方法の影響を強く受けていたと言われる。計画経済の中国は「一切の社会資本が政府の手中に高度に集中し、一切の個人生活は集団の受容に絶対服従する」社会であった。一九五六年以降の中国経済でも市場はまったく消滅してしまったわけではなかったが、少なくとも経済の主要部分ではなかった。そのような情況の中

『資本論』を標題に含む論文の年次別発表数

時期	年	篇数
建国後から文化大革命まで	1954	3
	1955	4
	1956	17
	1957	11
	1958	13
	1959	13
	1960	8
	1961	14
	1962	31
	1963	20
	1964	13
	1965	3
	1966	1
文化大	1973	1
	1974	1
革命期	1975	4
	1976	1
	1977	7
	1978	15
改革開放政策提起以降	1979	18
	1980	39
	1981	94
	1982	121
	1983	277
	1984	134
	1985	107
	1986	90
	1987	84
	1988	69
	1989	51
	1990	79
	1991	76
社会主義市場経済提起以降	1992	51
	1993	45
	1994	56
	1995	49
	1996	66
	1997	78
	1998	68
	1999	66
	2000	71
	2001	78
WTO	2002	61
	2003	72
加盟後から今日まで	2004	102
	2005	96
	2006	109
	2007	121
	2008	145
	2009	155
	2010	158
	2011	148
	2012	169
	2013	171
	2014	264
	2015	280
	2016	234
	2017	173

（CNKIに基づき筆者作成、数値は2017年8月5日調査）

で、『資本論』は経済学の書としてよりも、哲学書と見なされた。歴史の普遍的法則性である唯物弁証法を実証するものとして研究されたのである。この時期の唯物弁証法の解釈は、人間社会の法則性を自然の法則性と同様にみなすものであった。

この時期の中国では、一般に『資本論』は資本主義社会分析の書であり、社会主義社会とは関係が薄いとみなされていたとされる。研究論文の数がそれを証明している。

一九五八年の大躍進以降、労働者農民の主観的能動性が現実を変革しうる、という思潮が中国共産党内で主流となり、人間の主観的意思を越えた客観的法則性の存在を認める思想は修正主義、右派日和見主義とみなされた。『資本論』研究もその影響を受けた。この傾向は一九六六年から一九七六年の文化大革命期に頂点に達する。一九七三年、七四年の『資本論』関連論文は、わずか年一本に過ぎない。それでも、一九七五年に何本か論文が書かれているのは、上述したように一九七五年に『資本論』が出版されたからである。

3　中国での『資本論』研究Ⅱ（一九七九年～今日）

一九七八年一二月の中共一一期三中全会で改革開放政策が提起され、中国はそれまでの「階級闘争を要とする」路線に別れを告げた。文革終結直後の経済再建のため、価値法則存在認識の必要性が強調され、『資本論』研究も復活することになる。

それを物語るのは、一九八〇年中国資本論研究会創立、一九八三年中国経済規律研究会創立、同年全国高等財経院校《資本論》研究会創立、一九八六年全国総合大学《資本論》研究会創立など、中国の主要な資本論関係学会は一九八〇年代に創立されたということである。

改革開放政策開始以後も、『資本論』関連論文発表数は学術研究活発化の情況からみれば決して多くはない。ただし、一九八二年から一九八五年は論文数がかなり増えている。これは、一九八四年一〇月の中共一二期三中全会で計画的商品経済が提起され、商品や市場経済に関心が高まったことと関係があると思われる。

その後、一九九七年中国共産党一五回大会では主要国有企業の株式会社化、小国有企業の完全民営化、国有企業の大幅人員整理（〝下崗〟）などが決定され、市場経済化はより促進された。さらに中国は二〇〇一年末にＷＴＯに加盟し、資本主義社会と経済上では結合することになった。日本の経済研究者には、ＷＴＯ加盟をもって計画経済から市場経済転換完了の指標とする人もいる。中国の経済体制転換を反映して、一九九〇年代以降、中国の大学経済学部（学院）や関連研究機関では、アメリカ留学帰りの研究者が多く採用され、経済学部では〝主流派経済学〟（旧称、近代経済学）が文字通り主流となり、マルクス経済学無用論が幅をきかせ、かつては必修科目であったマルクス経済学、『資本論』研究は、まず選択科目とされ、さらに随意科目（講座）へと追いやられており、経済学部や関連領域では『資本論』関連論文発表は激減しているという。(4)

ところが、別表で明らかなように、市場経済化が完了した二一世紀に入って、『資本論』研究論文は逆に増加しているのである。その理由としてまず挙げられるのは、格差拡大、労使（資）対立、利潤優先の環境破壊など市場経済の矛盾が深刻化するにつれて、市場経済分析の書として『資本論』が再び注目されるようになったことであろう。特に二〇〇八年リーマンショックや二〇一四年以降のピケティ『二十一世紀資本論』（邦訳名『21世紀の資本』）の影響が顕著である。第二の理由としては、二〇〇三年一二月の中国社会科学院マルクス主義研究院設立に代表されるように、中国共産党の主導により各大学・研究所でマルクス主義・社会主義研究部門が設立・強化され、その領域での学術刊行物に『資本論』研究論文が盛んに発表されるようになったことも挙げられるだろう。

また、日本研究者の『資本論』の精緻な読みが中国の研究界に影響を与えつつあると中国の研究者から指摘されていることも、紹介しておきたい。例として見田石介(一九〇六ー一九七五)『資本論の方法』(一九六三年、中国語訳は二〇一三年中国書籍出版社)があげられている。(注2の唐卓論文)

4　中国の『資本論』研究の実例

このように活況を呈しつつある中国の『資本論』研究だが、その具体内容が日本に紹介されることは極めて少ない。その大きな理由として、上述のように中国の大学・研究機関経済学部門が主流派経済学に占拠され、日本の経済学者、現代中国研究者もマルクス主義、社会主義にほとんど関心をしめさなくなった事が挙げられよう。

二〇一四年にこぶし書房から刊行された余斌『さあ「資本論」を読んでみよう』(原題『45個十分鐘読懂「資本論」』、中国・東方出版社、二〇一一年。荘厳・角田史幸訳)はその数少ない例である。同書については、『社会主義』二〇一六年三月号拙稿「余斌『さあ「資本論」を読んでみよう』から中国国有企業を考える」ですでに紹介している。その紹介では同書後半の国有企業改革関連部分を主に紹介したので、ここでは賃労働と資本の関係など市場経済の基本問題が扱われている前半部分を中心に紹介することにする。

同書の特色としてあげられるのは、まず『資本論』全編の平明な解説だということである。著者は次のように述べている。

「二〇〇万字余り(中国語訳)の『資本論』全三巻を、骨組みを傷つけず、その有機的な構造を保ちながら、九〇%圧縮して二〇万字弱に要約し、かつ中国人の読解習慣に適合したものにすること、さらにまた、現代の切実な問題にも同時に応え、間違った観点の著作をも分析するような本を書くことは、巨大な挑戦であろう。」(同書一四頁)

しかしこの本の貴重なところは、現在の中国社会の矛盾を市場経済が生み出す矛盾としてとらえ、その発生原因を本書の随所で『資本論』の論理で説明していることである。日本で中国に関心を持っている者としては、本書のこの要素に最も興味を引かれる。

一例として、近年の中国で宗教信者が激増している問題を紹介した部分を紹介する。

「改革開放によって中国がかつての単一の計画経済から計画的市場経済へ、さらに社会主義市場経済へと転換して以来、国内の宗教信者は増え続け、各地に教会や廟が日増しに増加している。特に私営企業の経営者の宗教信仰率が最も高いという調査結果もある。なぜ、このような現象が生まれたのであろうか。

これは、商品生産社会においては、一般的な生産諸関係が次のようになっていることに由来する。生産者はその生産物を商品、つまり価値として扱う、すなわち、モノというかたちを通して個人の労働を、同等の人間労働として相互に関係を発生させる。このような社会では、抽象的な人間を崇拝するキリスト教、とりわけ、新教や自然哲学など、資本家階級の発達段階におけるキリスト教が最も相応しい宗教である。(中略)

すべての宗教は、日常生活を支配する外部の力が人びとの認識に幻想として反映したものに過ぎない。この反映においては、人間の力が人間の力を超えた力の形をとっている。グローバル化した市場経済においては、人々は外部の力から支配を受けているかのように、自ら作り出した経済的関係や生産手段から支配を受けている。宗教を生み出す基礎事実の存在と発展につれて、宗教自身も、自然に、共存し発展してきた。このことこそ、近年の市場経済の深化とともに、国内では企業家を中心に宗教信者がますます増えてきた根本的原因である。」（三八頁—四〇頁）

さらに、『資本論』に基づいて中国での新自由主義に基づく改革を強く批判していることである。新自由主義に基づく改革とは、国有企業は民営化、私有化を強める方向で改革し、中国社会をより純粋な市場経済に導いていこうとする改革である。

「西側経済学者が生産関数において製品の数量と生産額のみを考えるのと異なり、マルクスは再生産過程において、資本主義的生産関係それ自体を考察した。資本主義的生産過程は、商品と剰余価値のみならず資本をも作りだし、さらには資本家と雇用された労働者との資本関係そのものをも再生産していることに気がついたのである。中国で改革開放後、私有経済が勢いよく発展してきたのも、このことによる。多様な経済的属性において資本主義経済は強い拡大再生産能力とメディア制御能力を持ち、国有企業の萎縮と民間企業の邁進さえ可能にした。中国における改革の社会主義的性質をいかにして確保し、またいかにして、改革が社会主義制度の自己改善の枠から逸脱して資本主義に転向してしまわないようにするか、このことが、中国の改革の次なる一歩の重い課題である。」（九六頁-九七頁）

5　筆者の個人意見

『資本論』が広く読まれつつある今日の中国の研究情況を巡って、私個人の感想を二点述べておきたい。

第一、今日の中国で『資本論』が注目され始めているのは、すでに述べたように中国で『資本論』で解き明かせる社会状況が広範に生じているからである。では、中国にはすでに資本家階級が存在しているのだろうか。中国に資本家が存在していることは誰もが認めることであるが、個々の存在ではなく、それがすでに階級として形成されているのか、ということである。この問題は中国では一種のタブーのようで、二〇一六年三月開催の第五回日中社会主義フォーラム（社会主義理論学会など主催）に参加したある中国の学者は、資本家階層という用語を使用していた。『資本論』第二十四章第七節「資本主義的蓄積の歴史的傾向」などでマルクスは資本家階級と労働者階級の敵対性を繰り返し力説しているからである。

第二に、現在の中国で深刻化している各種の社会矛盾が『資本論』で説明できる市場経済の矛盾であるとすれば、社会矛盾の本質解決のためには市場経済ではない別次元の社会体制が必然的に求められるのではないか、ということである。

中国共産党の見解によれば、社会主義初級段階は一九四九年から約百年続くとされる。二〇一六年の今日からから三〇年余りで社会主義初級段階は終了することになる。社会主義初級段階で生産力向上のため社会主義市場経済を取るのはやむをえないこととして理解できる。しかし、三〇数年先の社会を予測するのは困難だが、『資本論』や他のマルクス・

エンゲルスの著作を読む限り、「社会主義の中高級段階」では、中国は再び主要な生産手段は公有化され計画的に経済を運営する社会に転換せざるを得ないのではなかろうか。

私はこれまで中国の研究者にこの質問をしてきたが、明確な返答は無かった。「中共中央が見解を出していないのだから、私には答えられない」とあからさまに言う人もいた。

私は二〇一六年九月五日に北京で行われた第五回中日社会主義学者フォーラム（社会主義協会と中国社会科学院マルクス主義研究院との理論交流）に参加する機会があり、この問題を提起してみた。返ってきた返答は、私の予想と異なり、「我々はそろそろ三十年後の社会主義初級段階終了後の社会について、理論研究を始めなければならないのではないか」というものであった。社会主義市場経済の矛盾の深刻化により、社会主義市場経済は永遠ではない、という意識が一部の研究者ではあっても生じていることの反映であろう。

中国社会主義が今後どのような道を歩むか、多くの不確定要素がありここでは明確に述べることはできない。しかし、中国で『資本論』などマルクスの古典に注目があつまりつつあるという事実は知っておくべきではなかろうか。

〈注〉

(1) 第1節は徐平「『資本論』在中国的出版和伝播」（『出版参考』二〇〇一年一六期）、陳正権「簡論『資本論』在中国的伝播及其特徴」『広西社会科学』二〇〇三年八期）、李其慶、平井潤一訳「中国における『資本論』の普及と研究」（『経済』二〇〇三年五月）などを参考にし、それに筆者の調査結果を加えて執筆したものである。

(2) 第2、3節は唐卓「新中国成立以来の『資本論』方法研究の歴史変遷」（『河南社会科学』二〇一五年四期）などを参考にしている。

(3) 侯為民（瀬戸宏訳）「中国の『資本論』研究およびその展望」（現代社会問題研究会編『資本論と社会主義、そして現代』明石書店、二〇一七年八月三一日刊、所収）は、CNKIを用いて『資本論』を主題とする論文を検索して、本論文とほぼ同様の結論を導き出している。

(4) 第五回中日社会主義学者フォーラムでの侯為民報告「中国における『資本論』研究の回顧と展望」

〈付記〉

本稿は、現代社会問題研究会二〇一六年度夏季研究集会（東京、二〇一六年九月三日）および第五回中日社会主義学者フォーラム（北京、二〇一六年九月五日）での筆者の報告を文章化した「中国の『資本論』研究概況」（『社会主義』二〇一六年一一月号）を、改訂したものである。

（摂南大学教授）

レーニンと「国家哲学でもある党哲学」

田畑 稔

1 「国家哲学でもある党哲学」

私のような哲学畑の人間が、ロシア革命に始まり、一九九一年に終了した歴史過程を見るとき、致命的欠陥として最初に思い浮かぶのは、「国家哲学でもある党哲学」という哲学の現実形態それ自身である。

二〇年ほど前に、私どもが刊行している季報『唯物論研究』誌上で、日中の多数の哲学者が参加して、日中哲学誌上討論を数年にわたり行ったことがある。その折、私は、討論そのものの前提を確認するという意味で、この「国家哲学でもある党哲学」問題を取り上げた（「東ドイツ哲学の歴史的検証」第五五号、一九九五年一二月、拙著『マルクスと哲学』新泉社、二〇〇四年、に補論二として再録）。東独のケースを取り上げたのは、中国側哲学者たちへの配慮もあったが、本質的理由は、東独という国家それ自身が崩壊したために、哲学者たちの生態が、自己批判的証言集などの形で、次々公刊されていたからである。

哲学の国家独占の実態は、指導権を独占する形で国家と癒合してしまっている「党」、「党」による哲学者たちへの監視や検閲、哲学関係者たちの自己検閲と安全思考、公共の討論のまったくの欠如と忠誠心の競合などであった。拒めば異端としての人生が待ち受けている。許容範囲内でパタン化された議論を繰り返したが、肝心要のこと、つまり自分たち自身の哲学的行為が再生産されている現実の諸条件について、自覚的に吟味することは回避され続けた。この意味で東独の哲学者たちの場合、自分たちの思想のそもそもの主体的足場が「空洞」であったのである。

ソ連では一九二四年のレーニン死後、徐々に「レーニン主義」の教条化と権威化が進むが、二九年一二月のスターリン演説を受けて、ミーチン（一九二一〜一九八七）ら若手哲学官僚が「哲学の党派性」を掲げてデボーリン（一八八一〜一九六三）ら「哲学指導部」を攻撃、「レーニン主義」が教科書的、国家哲学的定着を見た。三八年にはスターリン「弁証法的唯物論と史的唯物論」（『ソ党史小教程』の一部）が出て、「哲学のレーニン的段階」の上にさらに「スターリン的段階」が上乗せされたが、五六年のスターリン批判でこの上乗せ分は外された。以降は共産党支配の枠内に「自由化」を抑え込む「折衷主義」の時代が続いた。これらすべての経験の哲学史的貢献は「国家哲学でもある党哲学」という哲学の現実形態を赤裸々に示したということに尽きる。

2 ローザ・ルクセンブルグの「ロシア革命論」草稿（一九一八年秋）

たとえレーニンが「国家哲学でもある党哲学」を〈直接〉主張したわけではないにせよ、それ（「国家哲学でもある党哲学」）は一つの党が国家に対する指導性を独占する形で国家と癒合した結果である。その点でレーニンの革命指導の歴史的限界や理論的欠陥と結びついていることは明らかである。今とりあえず、ローザ・ルクセンブルグ（一八七一～一九一九）が一九一八年秋に獄中で書いた草稿「ロシア革命論」（『ロシア革命論』伊藤成彦ほか訳、論創社、一九八五年、所収。以下、訳語は適宜変更している）の警告に依拠すると、次のようになろう。

レーニンたちの革命指導には、「窮迫（Not）から」、「宿命的諸条件から」自分たちに強いられた政治選択を、理論的に固定化し、逆に卓越したもの、手本となるものとして世界の革命運動に推奨している面を多く含んでいる（同上、四九頁）。彼女の警告の核心は、レーニンたちが「プロレタリアートの独裁」、つまり「階級の独裁」を、「一党の独裁」「一握りの指導者たちの独裁」に置き換えてしまっているという点である。ソヴェト政府の反対者には出版の自由、結社の権利（Vereinsrecht）や集会の権利は停止されている。これらの権利は「労働する大衆の健全な公共生活や政治活動にとって最重要な民主主義的保障」なのであって、それなしに「広範な人民大衆による支配など考えられない」（同、三九頁）。

> 「政府支持者にとってだけの自由、ある党のメンバーにとってだけの自由は――彼らがたとえ多数者であったとしても――何ら自由ではない。自由とは常に異なる考えを持つ者たちの自由なのだ。「正義」への熱中の故にこう言うのでなく、政治的自由という活気づけ、治癒し、浄化する力のすべてが、この本質にかかっているからだ。「自由」が特権になる場合には、その効果も断たれるのである。」

ルクセンブルグのこのような認識と方向づけの努力が、どれほどの現実的影響力をもちえたのか、という問題はもちろん残る。現にこの「ロシア革命論」草稿の公表自身、周りの同志の反対で困難だったのであり、彼女自身翌年には虐殺されるのである。とは言え、一世紀後の我々が、歴史過程に内在する視点を確保しつつ（後知恵の外在批判は誰でもできる）、ロシア革命によって開始され一九九一年に終焉した歴史運動のはらんだ根本的限界を見極めるという姿勢をとるときには、ロシア革命に一定の連帯姿勢もとっていたルクセンブルグによるこのような「選択肢」の提示、レーニンたちへの根本的警告は重要な参照点となるだろう。

3　レーニン最晩年の口述「わが革命について」（一九二三年一月）

レーニンの側から見ておこう。一九一四年の世界戦争への突入から、発作で事実上活動不能になるまで、一〇年足らずである。この時期のレーニンの活動は超人的と言うほかない。ヘーゲル『論理学』の研究、『帝国主義論』や『国家と革命』などの理論構築、一〇月革命にいたる革命指導、ソヴェト政府首班としての諸決定、内戦とテロル行使、対外交渉と単独講和、戦時共産主義から新経済政策への転換、国際共産主義運動の組織化、「最後の闘争」などである。誰しも「瞠目」を強いられるだろう。

「わが革命について」というレーニン最後の口述文書の一つがある（大月版レーニン全集第三三巻所収。以下独語版で適宜訳を変更）。これは第二インターのマルクス主義者たちに鋭く対置する形で、自分たちの歴史的思想的ポジションを素描したものである。

（一）「革命の時期」には「革命的弁証法」、とりわけ「最大の柔軟性」が問われ、従来の理論や実践に固執する場合は急変する事態に取り残される。（二）この革命は帝国主義世界戦争と結びついた革命であり、「戦争により変容を被った革命の新たな諸特徴が現出している」。（三）一九一四年に始まる世界戦争によって、ロシアや「全東洋諸国」が決定的に革命過程に「引き入れられ」、革命運動の歴史空間的配置に根本的移動が生じている。(四)これら周辺部革命では「ロシア革命よりさらに大きな特異性」が問題となり、歴史の一般方向の確認だけではまったく役に立たない。たしかに社会主義のためには「文明」「生産諸力」が必要だ。しかし周辺部革命ではまずは「文明」「生産諸力」の「前提」(革命権力)をつくり、その上で「文明」「生産諸力」を発展させるという「通常の歴史的順序の諸変更」が問われている。(五)これらの問題意識が欠けているために、カウツキーら西欧のマルクス主義者たちは「ブルジョワジーと手を切ることを恐れる臆病な改良主義」「小ブルジョワ民主主義」に後退し、決定的に時代から取り残された。

こう列挙するだけでも、レーニンたちの格闘した「事柄」の途方もない歴史スケールが伝わってくる。世界規模での危機が孕んだ解放の一定の可能性を、あらゆる手段行使も躊躇せず果敢に刈り取ろうとした。だからこそまた、レーニンたち自身が歴史とともに根本的に裁かれていることも明白である。ルクセンブルグの「警告」に耳を傾けるなら、レーニンたちの情況に強いられた選択、それの理論的固定化の弊害、それを模範として世界の革命運動へ提示する危険、内容面では特に「政治的自由という活気づけ、治癒し、浄化する力」の意識的無意識的ネグレクト、これらの問題性を抱えていたのである。以下、レーニンの哲学的見解に限定した形になるが、若干の整理を試みてみたい。

4 三浦つとむのレーニン批判と「非敵対的矛盾」

まずは戦後の日本に目を転じ、三浦つとむ(一九一一〜一九八九)のレーニン批判を確認しておこう。私の理解では、彼の「非敵対的矛盾論」は、マルクスやエンゲルスの言語論や交通論への着目と並んで、実質において今日のアソシエーション論に繋がる先駆的なものであった。

レーニンは『哲学ノート』所収の覚書「弁証法の問題について」(一九一五年執筆)で「対立したものの統一(合致、同一、均衡)は条件的、暫定的、一過的、相対的である。相互に排斥しあう対立物の闘争は、発展や運動が絶対的であるように絶対的である」(大月版レーニン全集三八巻三三九頁)と書いている。三浦は、楕円軌道や商品変態に見られるような「諸矛盾を揚棄しはしないが、諸矛盾がそこにおいて運動しうる形態を創造する」ような「現実の諸矛盾がそれでもって自らを解決する方法」(MEW 二三~一一八)についてのマルクスの言明とか、「対立物の相互浸透」というエンゲルスの認識を持ち出して、レーニンにおける「非敵対的矛盾」のネグレクトを強く批判している。

「いうまでもなく敵との間には敵対的矛盾が形成されるのであるが、運動の内部にも、いろいろな矛盾が存在している。組織は一つの非敵対的矛盾であって、組織の参加者はこの矛盾を創造し集団力を創造して大きなエネルギーを発揮していく。…具体的組織論はすなわち具体的矛盾論、しかも具体的な非敵対的矛盾論である。」「非敵対的矛盾の対立する両側面は、レーニンの言うように闘争するのではなく、調和するのであり、われわれが意識的に非敵対矛盾をつくりだす場合はもちろん、生命のように現実に存在する非敵対的矛盾を維持していこうとする場合にあっても、この正しい調和のために努力しなければならない。」(三浦つとむ選集第二巻六六頁。引用箇所は一九六三年執筆)

もちろん「敵対的矛盾」と「非敵対的矛盾」も条件次第では相互に移行する。しかし「非敵対的矛盾」が主題化されていないというそのことだけでも、レーニンの弁証法理解には、大きな歴史的限界があったと考えるべきだろう。私の理解では、マルクスの「連合化」や「アソシエーション」、グラムシの「対抗的ヘゲモニー」や「陣地戦」など、対抗運動のポジティヴな実践を想起すれば明らかなように、敵対関係の再生産と同時並行して、「非敵対的矛盾」の自覚的組織化による協同の力の歴史的創出が問われるのである。

マルクスの言う「アソシエートした知性」（資本論第三部草稿）が無矛盾の調和とか経済官僚による上からの「合理的」計画提示を意味することなどありえない。ましてスターリン体制下の「一枚岩組織」のような、差異や多様性を嫌疑し、敵対視して、収容所に隔離したうえで全会一致を装うような抑圧社会とはまったく無関係である。

人々は同じ世界、同じ社会を生きていても、マルクスの言う「実践的生活位置」「社会的位置」の差異（指導層と一般アソシエ、男と女、伝統的産業と先端産業、都市と農村、被災被爆被侵略被差別体験の有無などなど）により欲求や問題意識や世界の見え方や世界への訴えにおいて差異や多様性を背負っているのであり、この差異や多様性は、一定の時と所で合意形成が図られねばならない際には、当然、さまざまな対立となって現れる。「声を荒げた訴え」や「自由な言論」による相互説得を通して初めて、「アソシエートした知性」が働いて、妥当な相互調整が進み、「非敵対的矛盾」は協同の力として再生産されるのである。

そのための基本前提としては①諸個人が目的存在として、人権主体として、アソシエとして相互に承認しあっていること、②私的資本であれ部分的国家資本であれ総体的国家資本であれ、生産手段の排他的支配に基づく生きた労働の支配は許さないという基本合意があること、③情報交換、言論、集会、結社などの自由が承認されているだけでなく、政治文化として活性化していること、こういったものが挙がるだろう。

5　『唯物論と経験批判論』（一九二九）のレーニン

「レーニン「哲学」の再検討」というテーマで、以前に廣松涉と私が報告し、石井伸男の司会で討論したことがある（『社会主義理論学会年報』創刊号、一九九二年、所収「マルクスとレーニンの差異について」参照）。本論文に関連するので少し振り返っておこう。

哲学者の原理的立場を一つの命題で端的に限定するという手法はよく用いられる。デカルト（一五九六～一六五二）ならば「私は考える」、ヘーゲル（一七七二～一八三一）ならば「論理（ロゴス）は他在（有限精神や自然）の中で過程的に自己を実現する」になろう。マルクス（一八一八～一八八三）の場合は「人間たちは生活する」と定式化できるだろう。これに対して『唯物論と経験批判論』のレーニンの立場は「意識は独立な物質を反映する」と定式化されよう。「意識」と「物質」とを「独立」と「反映」で関係づけるのである。

「人間たちは生活する」ないしは「人間たちの生活過程」に定位するマルクスの場合、物質概念と言っても「物質的生活過程」の概念になる。人間たちは労働や相互行為で媒介しつつ、環境的自然との間で社会的個人的に物質代謝を行うのである。レーニンの方は一八世紀の感覚論的知覚論に戻っており、意識に「反映されるもの」が物質になる。

意識についても、マルクスでは、次のように規定される（二〇〇四年の拙著『マルクスと哲学』第二章参照）。人間たちは「自分の生活活動そのものを「対象としつつ」生活活動をおこなっている」。意識とは「対象としつつ」という生活活動のこの〈あり方〉に他ならない。人間たちは、熟睡時などは別にして、認識であれ、価値判定であれ、構想（想像）

であれ、行為コントロールであれ、常に自分たちの生活活動（活動主体、活動対象、活動そのものの全体）を「対象としつつ」生活活動を行っている。レーニンのような無限定・無関心の「物質」を「対象とする」のではない。レーニンの意識論では意識の志向性も言語構造も表層深層構造もイデオロギー構造も展開できない。特に強調したいのは、活動対象の中心に「他者」が位置づけられず、当然ながら「他者」との相互行為（諸種の言語行為、相互承認、敵対行動、アソシエーションなど）という実践の根幹も視界からバッサリ落ちてしまっていることだろう。

6　レーニンの「弁証法」理解と「自由な言論」

一四年の九月から取り組んだ『ヘーゲル『論理学』摘要』などの弁証法研究が、レーニンにとって「最大限の柔軟性」や歴史空間配置の移動や後進国革命の「特異性」把握に大きな武器となったことは明らかであって、『唯物論と経験批判論』とは異なる評価が必要である。しかし同時に、レーニンの弁証法理解にいくつかの大きな欠陥があることも確認すべきだろう。

この弁証法研究でのレーニンの基本認識を一命題で表せば「対立物の統一を核心とする弁証法は認識の法則であり、かつ客観的世界（社会、自然）の法則でもある」（三八巻三二六頁を参照して作成）となろう。これは先に見たヘーゲル哲学の、「論理（ロゴス）は他在（有限精神や自然）の中で過程的に自己を実現する」を、自分の言葉に変えつつも、受け入れたものと言ってよい。一言で言えば哲学的汎論理主義である。

レーニンはマルクスの『ヘーゲル国法論批判』（一八四三）も読めなかったが、それはまさにマルクスのヘーゲル主義との決別作業であった。「概念把握するということは、ヘーゲルが思い込んでいるように、いたるところで論理的概念の諸規定を再認識することにあるのでなく、固有の対象の固有の論理（die eigentümliche Logik der eigentümlichen Gegenstand）を捉えることにある」（MEW 一-二九六）。

ヘーゲル自身、国家や法など実在世界を扱うとき「固有の対象の固有の論理」に迫らず、頭の中にある「論理諸規定」を対象の中に「探し出す」ことが主要関心になってしまっている。多様な側面を持つ現実に向かい合ったときにも、自分の都合の良い規定だけ適宜選んで対象を「説明」した「ふり」をする。こういう哲学的汎論理主義の構造的欠陥をマルクスは国家や国法という実在領域の認識に即して暴いていった。

レーニンでは全く逆の立論になっている。「マルクスのブルジョワ社会の弁証法は弁証法の特殊な場合に過ぎない」として「弁証法一般」の叙述を構想している（三八巻三二八頁）。マルクスはあくまで資本という「固有の対象の固有の論理」をとらえようとしているのであるが、「価値形態論」の箇所でヘーゲルの「概念把握」という叙述形式を「導きの糸」として採用したことを受けて、レーニンはマルクスが「『資本論』の論理学を残した」（同二八八頁）とまで書いている。

レーニンはまた、認識論、弁証法、論理学は同じもので、三つの言葉自体が不要だと書いている（同二八八頁）。認識過程について「固有の対象の固有の論理」に迫るという自覚が本当にレーニンにあったのだろうか。展開もない構想メモなので大仰に批判することもないが、何れの場合も汎論理主義的色彩の濃さを強く印象付けるものであろう。

この哲学的汎論理主義への傾斜と並んで、レーニンの弁証法理解に確認できるもう一つの欠陥は、弁証法が元来は対話術（ディアレクティケー）であるのに、生きた言論対抗の空間から分離されてしまっているということである。これはヘーゲルの弁証法理解と繋がるものであるが、同時に、ルクセンブルグがレーニンたちの中に確認した「政治的自由という活気づけ、治癒し、浄化する力のすべて」に対する無感覚とも繋がっているように思われる。

『哲学ノート』にはヘーゲルから次のような抜萃がみられる。「弁論（Reden）は人間たち相互間の行為（Handlung unter Menschen）である」（同二七八頁）「生き生きした弁論は市民たちを繋ぎ、熱気を創出した」（同二八一）。これはギリシャ民主制下の自由な言論、とりわけ裁判や民会や記念集会での市民の弁論や彼らに弁論術（レトリケー）を教えたソフィストたちの弁論を想定したものである。

ところがソフィスト的論法（Sophistik）へのヘーゲルの批判も抜萃されている。「ソフィスト的論法は教養一般の要素が、…つまり諸論拠や反対諸論拠を〔あれこれ〕持ち出すこと、「反省的な理屈づけ」、何事についても幾重もの視点〔の存在〕を見つけ出すこと、主観主義、客観主義の欠如」（同二三九頁）「表象することや弁論することとは、一方から他方へと行ったり来たりすることである。この行ったり来たりが意識して行われると、空虚な弁証法となり、諸対立は統一されず、統一へと至らない」（同二四九）。これらを受けてレーニンは次のように整理している。

「注意。主観主義（懐疑論やソフィスト論法など）と弁証法との区別はとりわけ次の点にある。（客観的）弁証法の中では相対的なものと絶対的なものとの区別も相対的である。客観的弁証法にとっては相対的なものの中に絶対的なものが含まれている。主観主義やソフィスト論法にとっては相対的なものはただ相対的であって、絶対的なものを排除している」（同三三九頁）。

しかしレーニンはここでヘーゲルが提示する弁証法の論理モデルの発展と現実の歴史的言論空間の問題を区別せずに終わっている。「空虚な弁証法」は論拠や反対論拠、視点Aと視点B、「行ったり来たり」が無際限に交錯するだけの主観主義であり相対主義である。これに対してプラトンやヘーゲルやレーニンが求めるモデルは「相体的なものの中に絶対的なものが含まれているような」「弁証法」、レーニンは「客観的弁証法」と書いているが、ヘーゲルなら「絶対者の弁証法」である。しかしあくまで論理モデルである。

現実の言論空間を問題にするとどうなるのか。民主主義やソフィストたちを激しく批判したプラトンは何を主張したのか。一方に「善のイデア」があり、他方で「魂の牢獄」である身体がある。媒介するのは理想国家、つまり一切の私有、血縁、私的感情から絶縁させ、国家共産主義的に純粋培養された哲学エリートによる統治という「夢想」であった。これは「相対的なもの」を超えていたのか。

ヘーゲルから次の抜粋も行われている。「ゴルギアス（BC四八五〜三八二）は、絶対的実在論に対して、正しい論戦をおこなっている。この絶対的実在論は、表象することで事柄自体を持っていると思い込んでいるが、実際は相対的なものしか持っていないのだ」（同二四一頁）。

このような「絶対的実在論」への批判はヘーゲルが提出した「人倫的理念の現実性」、つまり改良型プロイセン国家には、またレーニンの世界革命構想には、例外として的中しないのだろうか。自由な言論はルクセンブルグの言う「活気づけ、治癒し、浄化する力」ではなく、論拠と反対論拠、視点Aと視点Bが「行ったり来たり」するだけの「空虚な弁証法」に過ぎないのだろうか。レーニンの弁証法理解にも大きな疑問が残るのである。

（季報『唯物論研究』編集部）

「うっとり」社会主義者の追憶

西川伸一

はじめに

私は二〇一一年四月から社会主義理論学会の共同代表を務めている。上島武先生が直前まで務められていたポストである。にもかかわらず、上島先生とは何度かあいさつを交わした程度で、それ以上深くお話ししたことはない。そこで、この追悼集の場を借りて社会主義への私の想いを振り返ることで、上島先生の後継共同代表としての責任を果たしたい。

1　大学入学まで

「生まれおちたとき私たちは白紙であって、この上になにが書きこまれたかで私たちはひとりひとりの自分になる。白紙の上に書きこむ文字、それは極端な場合には狼のことばともなれる」（島崎 一九七四：六頁）。そして、この本では「狼にそだてられた子」カマラへと話は進んでいく。もちろん、いまでは「狼っ子」の存在は「多くの証拠からウソであることが確実」（二〇一五年一二月七日付『東京新聞』）となっている。とはいえ、どのような家庭に生まれ育つかは当人の思想形成を大きく左右する。私の場合、新潟県の片田舎の平凡な家庭に生まれた。父親は零細な建設会社に勤務していた。母親は専業主婦である。父親は熱心というわけではないが自民党支持者に違いなく、共産党は大嫌いだった。そこには保守的な土地柄に加えて、「仕事をもらう」という実利的理由もあったようだ。一方、貧農の六女に生まれた母親にはそうした共産党アレルギーはなく、選挙で共産党に入れたりもしていた。けれども、ソ連への嫌悪感はもっていて「アカの国はいやだ」などと言っていた。

となれば当然、私は「アカ」嫌いになるはずだが、存外そうはならなかった。幼少期に父親の帰りがいつも遅く、小学生の頃には単身赴任して家を不在にしていたことが大きかったのかもしれない。しかも、母親からはうちが貧しいことを折に触れて刷り込まれた。子ども心に、なぜうちは貧しいのだ、だれのせいなのだ、お父さんは日曜日も現場に出て働いているのに、との思いが募った。左翼的な考え方への共鳴板が次第次第に形成されていった。

それでも、新潟の実家にいた頃は父親が祖父から受け継いだ持ち家だったので、貧しさはあまり実感しなかった。小学校高学年になって、父親が単身赴任していた神奈川県へ一家で引っ越した。住まいは父親が勤める建設会社の社宅である。社宅といっても、各戸に六畳二間と台所・トイレがあるだけの二階建てのアパートだった。風呂はアパート共同である。ここで私は一〇歳から三〇歳までを過ごすことになる。幸い（?）にも、そのうち社員が減ってアパートに空き室ができて、隣室の二部屋を私と弟で使うようになったので、窮屈な思いはせずにすんだ。友だちがおんぼろアパートに遊びに来るときには多少の引け目は感じた。だが、スティグマというほどのことでもなかった。私は友だちに恵まれていたのだろう。

科目は社会や地理・歴史が得意だった。ソ連という国があること、そしてそこでは日本とは違った原則で国が運営されていることを学んだ。高校生の頃、横浜の大桟橋に遊びに行ったら、ちょうどソ連船が接岸していた。ハンマーと鎌の国旗が異国情緒を存分に醸し出していた。どんな国なのだろうと思いが膨らんだ。高校三年になると、受験科目別にクラス編成がなされる。私は世界史受験だったので、私のクラスでは世界史が週に五時間もあった。そのあるときの授業で唯物史観を習った。私はすっかりうっとりしてしまった。世の中はやがて必然的に変わるのだと白日夢に耽った。

2　大学入学後

一九八〇年、私は明治大学政治経済学部政治学科に入学した。校門にはおどろおどろしい字で書かれた立て看板があり、学生会館には各セクトのビラが所狭しとばかりにべたべたと貼られていた。あの字体はゲバ字というのだとあとで知った。校舎の廊下にも政治ビラがそこここに貼られていた。授業前に先輩が入ってきて、ビラを配ってアジ演説をすることもよくあった。ぎりぎりで学生運動の余韻がまだ残っていたのである。かっこいいなあとちょっと思ったのが運の尽きだった。

こうしたビラの一つに「法学部ゼミナール協議会」(略称・法ゼミ協)が出したものがあった。レーニンの『国家と革命』についての読書会をするという新入生勧誘のビラだった。レーニンの名前はもちろん知っていた。『国家と革命』は読んだことはなかった。ただ、その第一版あとがきに「「革命の経験」をすることは、それについて書くことよりも愉快であり、有益である」(レーニン一九五二：一五三頁)と魅力的な言葉が並んでいることは聞きかじっていた。その『国家と革命』を読むというのだ。これまたうっとりした。

明治大学では文系の一・二年生は和泉校舎(いまでは和泉キャンパスとよぶ)といって、京王線・明大前にあるキャンパスに通う。三・四年生は御茶ノ水の駿河台校舎(駿河台キャンパス)で学ぶ。今でも基本的には変わっていない。神奈川に住む私にとっては和泉のほうがよほど近い。ところが、法ゼミ協の読書会は駿河台での開催だった。

それを顧みず私は生協で『国家と革命』の国民文庫版を買って、わざわざ電車賃を使ってまでして、その読書会に行ってしまった。法ゼミ協の部室に来た新入生は私一人だけだった。先輩が『国家と革命』について解説してくれる。私にはとても歯が立たなかったが、かっこよくみえた。『国家と革命』は「こっかく」と略称するのを覚えた。部室の雰囲気もちょっと謎めいていてわくわくしてしまった。法ゼミ協があるセクトとつながりのある団体だと知ったのは、かなり後になってのことである。なんとうぶというか、鈍感というか。

家に帰って、「こっかく」を読み直してみる。あれ変だぞ。最初読んだときはわからなかったことが、先輩の難解と思えた解説を頭に置くとけっこうわかってくる。めくるめくことが書いてある！　たとえば、「国家は、階級対立の非和解性の産物であり、その現れである」(同一六頁)。あるいは「このプロレタリア国家は、勝利するやいなやただちに死滅しはじめる、なぜなら、階級対立のない社会では、国家は必要でなく、またありえないからである」(同四一頁)。一挙にバラ色の世界が拓かれる気がして、私のうっとり感は最高潮に達した。

もっとも、成人を目前に控えたティーンエイジャーが左翼思想にうっとりするのはよくあることらしい。ナベツネこと渡邉恒雄・読売新聞グループ本社代表取締役主筆もこう述懐している。「終戦直後の一九四五年末、私はなぜ共産党に入ったか。（略）精緻な理論追究の結果ではない。（略）感情的衝動がそうさせたのだ。（略）「万国のプロレタリア団結せよ！」で終わる『共産党宣言』は、十九歳の少年をうっとりさせるに十分なほど詩的でさえあった」（渡邉二〇〇五：四〇、四二〜四三頁）

だが、法ゼミ協の読書会に参加したのはその一回限りだった。理由はよく覚えていない。駿河台校舎に足を運ぶのが億劫だったのだろう。すると法ゼミ協の先輩から電話がかかってきた。次の会の勧誘だったはずだ。それ以上しつこくされた記憶はない。

その後しばらくして、八時三〇分からはじまる一時限の授業の開始前に四年の先輩がビラを配って、短く演説して引き上げた。なぜか印象に残って、そのビラに書かれていた日時に指定された教室に行ってみた。これは和泉校舎での開催だった。やはり参加者は私一人だった。その先輩が友人と遠山茂樹・今井清一・藤原彰『昭和史〔新版〕』（岩波新書、一九五九年）の読書会を開くから君も参加しないかと誘われた。和泉校舎の教室を借りて、それは毎週一回開かれた。当時は適当な集会名称をでっち上げても教室を貸してくれたのだ。もちろんこの先輩もあるセクトに連なっていた。そして私の「身柄」はその先輩の上司格のZ大学のMさんに引き渡されることになる。

Mさんは入試のたぐいに一度も落ちたことのない秀才で、カリスマ性も備えていた。私はすっかりMさんに心酔した。Z大学でMさんが組織したサークルの会合に顔を出したあと、Mさんに飲みに誘われるのがとてもうれしかった。酔いも手伝って、Mさんに生意気なことをまくしたてたものだ。当時一八歳の一年生だが、大学生なら成人とみなされて、未成年の飲酒についていまほどうるさくなかった。しかも、Mさんはパン屋で食パンの耳を分けてもらっていた。自室で食事代わりにこれをかじりながら、革命への情熱をたぎらせていたのだろうか。次第に、私の扱いはMさんからさらに上役のSさんに引き継がれた。よばれた集会には学生ばかりか、労働者も来ていた。区民センターのような公共施設で集まりは開かれた。最後は「インターナショナル」を大合唱して閉じられたこともあった。次の利用者が廊下で待っている。いくら鈍感な私でも、越えてはならない一線を越えてしまったような、はまってならない深みにはまりつつあるような気が徐々にしてきた。

二年の夏休みに、京都でそのセクトの合宿があるから参加するようにとMさんから言われた。断れない雰囲気があった。Mさんに「個人主義」と批判されたくなかった。二泊くらいだったろうか。親には「学生合宿」とわけのわからないことをいって煙に巻いて参加した。それは勉強会が中心だった。内容はもう覚えているはずもない。ただ、参加者の一人が持ち込んだレーニンの『帝国主義論』のあちこちの行にマーカーが引かれていたことだけは印象に残っている。加えて、とにかくうちのセクトの主張だけが正しく、他はすべてまちがっている日和見主義だなどという独善性が鼻について仕方がなかった。こんなのにはもうついていけない。合宿の最終日に感想を書いて提出するという課題が出されたので、正直にその旨を書いた。当然その感想文は問題となり、東京に帰ったあとMさんやSさんに呼び出された。

その過程で資質なしと判断されたのだろう。私にはそれこそ「距離を置く」措置がとられることになった。機関紙・誌の定期購読だけは続けさせられた。数ヶ月に一度は大学近くの喫茶店に呼び出されて、集金を兼ねて長い話を聞かされた。うんざりしながらも、こんな関係が断ち切れずに大学院に進学しても続いていくことになる。

3　大学院進学、就職、そして内閣法制局

「腐れ縁」をようやく清算しえた時期だったろうか。その頃、『朝日新聞』夕刊一面右下には「窓　論説委員室から」というコラム欄があった。一九八八年四月一日付から二〇一三年三月二九日付まで続いた。その末尾には、執筆した論説委員を表す一文字がペンネームとして付けられていた。一九八八年七月五日付のそれは「日本の左翼は」というタイトルである。「〈澄〉」と最後に署名されている。そこに『現代と展望』という「新左翼系の理論誌」が紹介されていた。「新左翼」の意味さえ私はよく理解していなかった。けれども、この記事に目を通したことはまさに運命というほかない。

この雑誌が読みたくなり、書店で相談すると注文してくれた。少しして入手し一読したあと、巻末に記載されていた発行所あてに私は拙稿の抜き刷りを送ってしまった。上記のあるセクトとの経緯も手紙に書き添えた。すると、発行者の村岡到氏から返事の郵便が届き、そのあと電話がかかってきた。いまなら必ずそうなると予想がつくが、当時はそこまで頭が回らなかった。脳天気なものである。気がつくと、私は新宿のいまはなき喫茶店「談話室滝沢」で、村岡氏と会っていた。そして、この出会いがその後の私の人生を要所要所で大きく規定していくことになる。

その場で私は彼から、拙稿に加筆した原稿を『現代と展望』の次号に投稿するよう勧められた。いまそのバックナンバーを引っ張り出してみると、確かに同誌二八号（一九八八年冬）に「パルヴス社会主義論の先駆性」と題した私の生硬な論文が載っている。パルヴスとはほぼレーニンと同時代人で、ロシア生まれのドイツ社会民主党員であり「革命の商人」としてロシア革命を後方支援した傑物である。村岡氏とは一時間も話しただろうか。何度か「あんた」と言われ、「ずいぶんぶっきらぼうなおっさんだな」と思ったものだ。村岡氏とのつきあいは今日まで及ぶ。彼はその後出版社を興して、私は拙著二冊を同社から刊行している。一方、〈澄〉氏は実は深津真澄氏であり、「窓」の記事の前からこの村岡氏と懇意だったことをあとで知る。

時代はチェルノブイリ原発事故、ペレストロイカからベルリンの壁崩壊、ついにはソ連解体へと大きく動こうとしていた。天安門事件も衝撃的だった。

話は前後するが、私は一九八四年に大学院の博士前期課程に進学した。就職が決まった友人たちには、コンパの席で「賃金奴隷になりたくない」などと毒突いていた。本音では社会に出ることから逃避しているにすぎなかった。なんといやな奴だったことか。そんな私の暴言に寛容だった友人たちにはひたすら感謝の言葉しかない。

大学院の出願書類には研究テーマを記載する欄があった。私はそこに「社会主義の今日的可能性を追究したい」と大風呂敷を広げた。あとから聞いた話では、指導教授はそれを読んで「すげえのが来るぞ」と身構えたそうだ。「すげえ」とは今風に言えば「過激思想に染まった」といった意味だろう。口頭試問もあったがよく通してもらえたものだ。指導教授の懐の深さには感銘してしまう。

だが、自分のうっとりした願望に都合よく理屈をこねることを研究と

はいわない。だから大学院に入ったあと私の研究は早々に行き詰まってしまった。ようやく大学院の二年目に上がる頃、偶然にもパルヴスという興味深い人物に出会って光明が差した。パルヴスの人物研究に研究テーマを変更して修士論文をどうにか書いた。そして博士後期課程に進んで以降、私はパルヴスをネタに論文を書くことになる。とはいえ、パルヴスはドイツ語でもロシア語でも論文を書いており、読み解くのにたいへんな時間がかかる。その上、こんなだれも知らない革命家をいまの日本で研究する意味を見いだしにくかったことも、研究への士気を落とした。ロシア史研究会で一度報告したことがあった。そこでこてんぱんに叩かれたこともひどくこたえた。

上島先生も共同代表となって社会主義理論学会が旗揚げされたのは、ちょうどこの時分である。先述の村岡氏はその設立準備の中心を担っており、私も入会を誘われた。研究の閉塞を打ち破るきっかけになればと念じて会員になったものの、まだ「うっとり」感が抜けきれず空回りが続いた。

それでも不思議に運だけには恵まれていて、私は学部の専任助手に採用された。こうして大学教員への道が大きく開かれた。一九九〇年のことである。ゴリゴリの「左翼」にしかみえない私を指導教授はよく残してくれたものだ。しかし、指導教授の恩に報いるどころか、私の業績はいっこうに増えなかった。通常であれば、二年で専任講師に上がるところ、私は助手を三年やり、さらに専任講師の職格で七年も足踏みした。最短であれば三年で助教授に昇格できるのだが。

転機が訪れたのは、一九九〇年代後半になってからである。内閣法制局という行政機関がにわかに気になりだした。その人事異動を調べるとおもしろかった。客観的事実を積み上げていく実証研究であれば、説得力があるのが心強かった。その成果として、一九九七年に拙稿「内閣法制局―その制度的権力への接近―」を書いて、学部が発行する論文集に載せた。パルヴスに関する論文は一九九五年に書いた「パルヴスのロシア革命論と社会主義論」(トロツキー研究所『ニューズ・レター』第一三号)が最後になっている。結局、パルヴス研究では同じところをぐるぐる回っているだけで芽が出なかった。二〇歳代に習得に大幅な時間を割いたドイツ語もロシア語ももう読む必要がなくなった。パルヴスにかこつけて書いていたロシア革命や社会主義について、論じることもなくなった。「うっとり」感も醒めていった。ドイツ語やロシア語の資料読みに費やしたあの膨大な時間はなんだったのだ。

救いだったのは、こうした「徒労」の中で作られた私の交友関係がその埋め合わせをしてくれたことだ。村岡氏はこの頃になると、『現代と展望』に代わって『カオスとロゴス』という雑誌を発行していた。その依頼を受けて、上記拙稿を下敷きにした「内閣法制局とはいかなる官庁か」を同誌第一二号(一九九八年)に掲載した。すると、当時『週刊金曜日』に「政治時評」を連載していたくだんの深津氏の目に留まって、同コラムで激賞してくれた(同誌一九九八年一二月四日号)。私は勤務先から在外研究を命じられて滞英中だった。彼の地で〈こんなにほめられることはもうないだろう〉と感激したものだ。加えて、深津氏のコラムをある出版社の社長が読んでくれて、同社からの出版を勧められた。こうして、私のはじめての単著である『立法の中枢　知られざる官庁・内閣法制局』(五月書房)が二〇〇〇年に出された。これが『朝日新聞』の書評欄に取り上げられるという大きなおまけまで付いた。いまでは、深津氏が担当していた『週刊金曜日』の「政治時評」を私が書いているのだから、その因縁の深さには驚かされる。

4　生活者の小理論を起点に

私事にわたるが、イギリスでの在外研究には妻と〇歳の長女といっしょに向かった。二〇〇〇年には次女が生まれた。妻も勤務していたため、〇歳から子どもたちを保育園に預けて、二人で送り迎えをする毎日がはじまった。大学教員のほうが時間の融通がきくので、送り迎えの多くは私の担当となった。それは次女が保育園を卒えるまでの八年間に及んだ。当時は博士号をもっておらず、〈おれの博士論文は子どもたちだ〉と自分に言い聞かせて自らを鼓舞した。八年もやればいろいろなことが起こる。生活者の様々な断面をいやというほど実感させられる。

ところで、政治学者の河合秀和は理論について、大理論、中理論、小理論と次元を分けて説明する。信念は大理論であり、状況分析は中理論である。そして社会的実践は小理論となる（河合 一九七一：七頁）。これに基づけば、社会主義は大理論に位置づけられる。大理論ゆえに社会主義にうっとりしていた私は、生活者としての経験を積むに従って、あろうことか大理論には興味を失っていった。大理論や中理論が異なっていても、小理論の次元で世の中は変わっていく。この三〇年間でたばこをめぐる社会通念はおおきく変わった。社会に巣くっていた性的ないやがらせは「セクハラ」と言語化されることで、顕在的に意識されるようになった。これらは大きな社会的進歩であると私は考える。

大理論の次元で観念的なジャーゴンをいくら闘わせても社会は一向によくならない。大理論をがっちり固めて、中理論、小理論へと下降するより、小理論次元の実践を重ねて、やがて中理論、大理論へと上昇していくほうがよほど生産的ではないか。一発逆転はスカっとするが、社会はそれを許すほど単純ではない。大理論の想定どおりには社会は動かない。再び河合の指摘に戻ろう。「社会的実践においては、個々の目標について、政策と組織、つまり小理論の次元で一致すれば、たとえ大理論と中理論において異なっていても多くの人々が一致して行動できるはずである」（同七頁）。

なのに、レーニンはそのような行動はしなかったと河合は続ける。政治的自由を認めない帝政ロシアという条件がレーニンのこの態度に大きな影響を与えたのである。ただ、今日の日本ではそのような行動は可能であるし、また求められるのではないか。

さて、「夢見る頃」をとっくに過ぎた五〇歳近くになって、私はジョージ・オーウェルの『動物農場』に出会った。読み進めるにつれて、レーニンの『国家と革命』を読んで以来の久々の「うっとり」感を覚えた。一挙的かつ不可逆的な社会変革はありえないと深く納得した。もしあるとすれば、それは相当の無理を抱え込まざるを得ない。『動物農場』をはじめ多くの逆ユートピア小説が描いているように、ユートピアは必然的に逆ユートピア化する。

社会主義への私の想いはやっと「前史」を終えたのだろうか。

〈引用文献〉

オーウェル（一九七二）『動物農場』角川文庫。
河合秀和（一九七一）『レーニン』中公新書。
島崎敏樹（一九七四）『生きるとは何か』岩波新書。
レーニン（一九五二）『国家と革命』国民文庫。
渡邉恒雄（二〇〇五）『わが人生記』中公新書ラクレ。

（明治大学教授）

社会主義経済における〈分配問題〉

——森岡真史氏の提起について

村岡 到

今夏、私が編集して『ロシア革命の再審と社会主義』（ロゴス、『ロシア革命の再審』と略）を刊行した。サブタイトルは「ロシア革命100年記念」。そこに森岡真史氏から「販売競争から獲得をめぐる闘争へ——社会主義経済における意図せざる解放と束縛」を寄せていただいた。この論文ではこれまでのロシア革命論では取り上げられていない、社会主義に向かう経済建設上きわめて重要な問題が提起されている。そこでこの斬新な提起をどのように受け止めたらよいかについて考える。

1 森岡真史氏の一貫した鋭い問題意識

本題に進む前に、六年前に「森岡真史論文に答えることが急務」なる短評を書いたので、その要点を確認する（先の編著の前編ともいえる、昨年刊行した拙著『ソ連邦の崩壊と社会主義』に収録。『ソ連邦の崩壊』と略）。ソ連邦崩壊二〇年の二〇一一年に『経済科学通信』が「『ソ連型社会』とは何であったか」を特集した後、その次号に求められた「誌面批評」である。

『経済科学通信』に掲載された森岡論文の核心は次の点にある。

「一方で生産手段の国有化をめざさないとしながら、他方で、生産手段の私的所有や利潤追求を敵視し、その廃棄の必要を強く示唆するような資本主義批判を説き続けるのは、責任ある態度とは言い難い」。

私は、文中の後半を保持するがゆえに、前半（生産手段の国有化をめざす）も保持する。森岡氏と私との違いはここにある。問題は、「生産手段の国有化」（自治体所有も含む）を実現するプロセスにある。

森岡氏は、ロシア革命を例にして、「生産手段の私的所有を廃絶し、私的市場を経済から排除する」ことがもたらす問題点を五つ指摘している。いずれも重要な論点である。

森岡氏は、「事前に確定していない人々の欲求を、迅速かつ効率的に充足する方法としては、『利潤のための生産』に代わるものはまだ見出されていない」と書く。確かにその通りであるが、問題の急所は「迅速かつ効率的」という基準が歴史貫通的に普遍的なのかにある。別言すれば生産の動機の問題である、経済人類学の知見を引くまでもなく、利潤に頼らない労働・生産の事例は珍しいことではない。生産の動機を労働主体に即して考えれば〈労働の動機〉となるが、私はそれを〈誇りをめぐる競争〉として創造されるべきだと提起している。幸徳秋水が日露戦争の前年に『社会主義真髄』で「知徳の競争」と説いたことと重なる[1]。

実はこの拙文よりもさらに一〇年前の二〇〇一年に、森岡氏は「ロシア革命における『収奪者の収奪』」を発表していた。抜き刷りを送付された私は、その質の高さに驚き、共通認識にすべきだと確信してその森岡論文を当時刊行していた『カオスとロゴス』第二〇号（二〇〇一年一〇月）の特集「ロシア革命とは何だったのか」の巻頭に転載し、加えて二〇〇五年に刊行した上島武・村岡到編『レーニン　革命ロシアの光と影』に収録させていただいた（タイトルは「レーニンと『収奪者の収奪』」に変更）。この論文は、ロシア革命直後の経済建設において、マルクスが『資本論』で書いた「収奪者の収奪」といういわば恰好よいキャッチフレーズ（そのすぐ前には「資本主義的私的所有の弔鐘がなる」と記されている）をヒントに強行された経済政策が錯誤に満ちたものだったことを鋭く解明していた。「マルクスの権威」にひれふす「研究者」が少なくないなかで、異色の研究であった。上島さんは、「はしがき」で、「森岡真史論文も、かつて『資本にたいする赤衛軍的攻撃』（レーニン）と呼ばれたものが実は経済を破壊し、国民生活を破綻させることでしかなかったこと、そもそも『収奪者の収奪』構想がかかる結果に至らざるを得ない論理的必然性を内包していたと述べる[2]」と要約した。

　このように森岡氏の問題意識は一貫している。ロシア革命後の経済建設の実態がいかなるものであり、その失敗の経験から経済学上どのような教訓を得ることが出来るのか、この一点に探究の焦点がある。

2　村岡「ソ連邦論」との関係

　本稿のテーマとは少し位相が異なるが、ソ連邦をどのように規定したらよいかについて関心を持つ人で、かつ私がソ連邦を未だ「社会主義」ではないと主張していることを知っている場合に、次のような疑問・批判を招く可能性があるので、この点について簡単に答える必要がある。森岡氏はソ連邦を「社会主義」としたうえで論じているではないか、これは村岡認識とはバッティングするのではないか、という疑問である。

　ソ連邦をどのように評価・規定するかについては、一九二〇年代から論争になっていた。オットー・バウアーやカール・カウツキーら社会民主主義者は「国家資本主義」論を主張し[3]、第四インター周辺では当時から争点となっていた。トロツキーは一九三六年に著した『裏切られた革命』で「堕落した労働者国家」として明確に論述した。トロツキーは、同書で「国家資本主義」論について「それがなにを意味するかをだれも正確には知らないという点で都合がよい」と皮肉を込めて批判した[4]。だが、ソ連邦の崩壊後に過去の論争とは全く切断されて「国家資本主義」論が一部で流行した。この説の根本的な難点は、「資本主義」だと規定しているにもかかわらず、ソ連邦の経済が「賃労働と資本」を基軸にしていると実証できず、生産の動機・目的が利潤にあることも「価値法則」が貫かれていることも示せないことであり、ソ連邦の経済を少しでも観察すれば、すぐにその大きな特徴として気づくはずの「ヤミ経済」や「指令」についてまったく触れないことである。この謬論をなお主張している大西広氏は、何回も自説が「通説」になったとか、「今や日本のマルクス派理論経済学者の半数が支持するものとなっている」と自慢している[5]が、多数決で真理や正しさが立証されるのだろうか。

　「国家社会主義」論もある。例えば、イギリスのデーヴィッド・レーンの『国家社会主義の興亡』が二〇〇七年に翻訳された。レーンは、「日本語版序文」では「著者の接近が他と異なるもっとも重要な点は、国家社会主義社会を『全体主義』とも『社会主義』とも見ていないことであ[6]」ると注意している（傍点は村岡）。「『社会主義』とも見ていない」のに、「国家社会主義」と呼称するのは背理である。

　さらに、日本共産党は「社会主義とは無縁」と言い出した。ソ連邦崩壊から一三年も経って二〇〇四年に開かれた第二三回党大会で改定された「綱領」で「ソ連〔など〕は社会主義とは無縁な人間抑圧型の社会」

だったとされた。最近では、不破哲三氏は「レーニンは……マルクス本来の立場を完全に誤解した」[7]とまで評するほどである。かつては『新しい思考』はレーニン的か』（新日本出版社、一九八九年）なる本を書いていたのに、驚くべき変貌である。

私は、トロツキーの「堕落した労働者国家」を継承する立場から、前記のそれ以外の諸見解を誤りだと排して、一九七五年の習作「〈ソ連邦＝堕落した労働者国家〉論序説」では、「スターリン主義官僚制」とも「過渡期社会」とも書き、八三年に書いた「社会主義社会への歴史的発展」では、「官僚制」問題を重視して、〈官僚制過渡期社会〉と明らかにし、〈官僚制の克服〉を提起した。九九年に「ソ連邦経済の特徴と本質」では、経済について「官僚制指令経済」とした。二〇〇三年に「『社会』の規定と党主政」では「指令制党主政」と書いた。そして前記の一一年の「誌面批評」では、〈党主指令社会〉と表現した（「党主」は〈党主政〉の略で、「指令」は「指令経済」の略である）。さらに、冒頭の『ロシア革命の再審』掲載の「社会主義実現の困難性」では、〈社会主義志向国〉と捉えることが適切だと加えた。実は、「この新しい用語は、一九八一年末のポーランドの戒厳令発動の直後にイタリア共産党のベルリンゲル書記長が使いだしたものである」[8]。そしてその内実をさらに表現すれば〈党主指令社会〉となる。一七世紀から一九世紀中葉の日本を「徳川時代」とも「封建社会」とも言うように、二つの用語を使えば良い。

〈社会主義志向国〉ならば、森岡氏の立論とも重なりあうことができるのではないだろうか。森岡氏は明示してはいないが、森岡氏の立論は「国家資本主義」「国家社会主義」「社会主義とは無縁」の三説とは相容れないことは明確である。

そして、何よりも重要なことは、〈ロシア革命の経験から何を学ぶのか〉である。私は二〇一四年に発表した「『ソ連邦＝党主指令社会』論の意義」[9]で次のように確認したので要約する。

A 一九一七年のロシア革命の勝利によって切り開かれた社会主義の実現にむけての実践の大きな意義を明らかにする。

B ソ連邦の肯定面とともに否定面を直視・批判すること。

C マルクス主義の内実を俎上にのせて再審すること。ソ連邦で犯された重大な誤謬や逸脱に、マルクス主義は責任を負う必要はないのか。

D この問題をめぐる思索と探究は、〈社会主義像〉の深化・豊富化として結実する方向でなされなければならない。

なお、森岡氏は、『ロシア革命の再審』に収録した、拙著への書評で、私が今度あたらしく提起した〈資本主義克服社会〉について、「それは、資本主義の諸問題の克服という共通の目的のもとに種々の政策が試みられる社会であり、……このような探求を積み重ね、経験に学びながら、一歩ずつ前進してゆくべきであるという著者の主張に、評者は全面的に賛同する」[10]と書いている。

ロシア革命一〇〇年の今年、一〇〇年を記念する論文、著作、雑誌での特集がわずかながら発表されつつあるが、社会主義志向を明確にしたものは少ない。「国家資本主義」「国家社会主義」「社会主義とは無縁」の三説を唱える論者からの積極的な提起はなお出現していない。前記の二著は、この三つの謬論を排した〈社会主義志向国〉論の有効性を傍証すると言ってもよいだろう。

3 「分配」問題の重大性

今度の森岡論文では生産物の「需要と供給」あるいは「労働者と消費

者」という視角から問題を解明している。そこに踏み込む前に、一般には「生産と分配」として説かれているので、この視角から「分配」問題の重大性について確認しておくほうが良い。

私はつい最近になって知ったのであるが、実は「生産と分配」の問題は、マルクスがJ・S・ミルへの批判として論じた論点であった。武田信照氏によれば、マルクスはミルを「生産・分配二分論」と強く批判した。マルクスは「生産のあり方が分配のあり方を規定する」という面だけを偏重して、ミルを「ブルジョア経済学」と論難した(11)。問題はこの非難によって、「生産」にだけ注意が集中して「分配問題」の重要性が見失われることになったことである。

ついでに、と言っても付随的でもなければ、重要性が低いわけでもないが、ロシア革命においてもっとも経済学に長けていたプレオブラジェンスキーは一九二六年に著した『新しい経済』で、「マルクスとエンゲルスはどこを探しても、……ソヴィエト経済の発展によって提起される夥しい諸問題について何も述べていない(12)」と明らかにしていた。私の読書など多寡が知れているが、このプレオブラジェンスキーの指摘を引用する研究書を読んだことがない。実は、マルクスもレーニンさえも「計画経済」という言葉は使っていなかった。この言葉は、一九一九年に誕生したワイマール共和国の経済大臣が使いはじめたのである。このことは、私が一九九七年に「『計画経済』の設定は誤り(13)」で明らかにした。本稿は上島さんの追悼文集なので、あえて加えると、レーニンが「計画経済」と書いていないという点について、上島さんは「そんなことはない」と、私に語ったのであるが、その後「済まん、あれは間違いだった」と詫びた。紳士（真摯）だと感じたことを憶えている。

対比的にいうと、一人（?）トロツキーは、「分配問題」の重要性に気づいていた。トロツキーは経済運営における「分配」の重要性についても注意を喚起した。『裏切られた革命』で、特権官僚と貧しい労働者の隔絶たる格差を直視して、「皮相な『理論家』は富の分配は、富の生産にくらべて第二次的な要因だということで、自分自身をなぐさめることができる(14)」と辛辣に批判した。

私は、一九九五年ころに社会主義経済計算論争の存在に気づき、少し勉強することを通して、マルクスが「分配」の重要性について見落としていたことを明らかにした。だが、本当に必要なことは、社会主義経済での分配がいかなる形態で実現するのか、その内実に迫ることであった。森岡氏の新しい提起は、まさにこの欠落を埋める探究に通じている。

そこに踏み込む前に、〈社会主義〉を構想する基本的立場・立脚点を確認しておくほうが良い。私は「『ソ連邦＝党主指令社会』論の意義」で次のように書いた。

私は、〈社会主義〉の核心的指標は、「価値法則を止揚する」ことにあると、一九八三年に発表した「社会主義社会への歴史的発展」で明らかにした。この課題はきわめて難儀であり、どのような形態において実現するのか、明確になっているわけでもない。何世紀先に実現するか、誰にも分からないが、この核心を保持・遠望することは、今日なお重要で大切であると、私は確信している。

経済の運営にとってもう一つ絶対に欠かせない重要問題が存在する。何をどれだけ生産して、その生産物をどのように分配するかという大問題である。〈経済計算〉とも言う。この問題については、一九二〇年代から国際的規模で「社会主義経済計算論争」が展開されていた。だが、この論争は、日本のマルクス主義経済学においては一貫して知られてこなかった。私は、一九九六年に『原典　社会主義経済計算論争』を編集・

刊行して、その解説で、経済計算の不可欠性、分配の重要性、生産と分配の切断、情報公開の必要性、などを指摘した。そして、九八年に「〈協議経済〉の構想」を提起した。

4 森岡提起の核心

今度の森岡論文は、「一八七〇年代半ばから一九二〇年代初めにかけて、一群の経済学者が社会主義経済の構想を理論的に検討し」そこに「難点」があることを明らかにしていた、と書き始められている（ミーゼスなど六人の名前が列記されているが、私はほとんど読んだことはない）。その論点は、「生産手段の私的所有および利潤追求〔の〕除去」がもたらす帰結についての危惧である（後述）。

次に、ロシア革命後に経済において何が起きたのかを具体的に明らかにする。森岡氏は、革命後のロシア経済が何度も「深刻な危機に陥った」ことを直視し、その実態を生産物（消費財）の「供給者・需要者」という視点から解明する。詳しく紹介する紙幅がないし、コルナイの「不足の経済」などについての基礎的知識を欠いているので、私がもっとも教えられたことだけを一つ例示する。森岡氏は、ソ連邦の経済で「時代をこえて共通に見られた特徴であ」った消費財入手のための「行列」の意味を鋭く明らかにしている。消費財の価格が低くとも、その入手に手間と時間が多く必要とされるなら、価格が高いと同じと言える。この事象を森岡氏は「獲得をめぐる競争」と表現する。生産物の質が低いことも重要な特徴であった。売り手の横柄な態度も同様である。これらの負の側面を、森岡氏は現象としてだけではなく、その意味を明らかにし、なぜ生じているのかを経済システムの問題として解明している。

森岡氏は、これらの負の側面を鋭角的に解明するだけではなく、ソ連邦経済の積極的側面についても明確に評価する。ソ連邦経済は前人未到の幾多の困難に抗して七四年間も存続した。その最奥の根拠は、国民を「失業の恐怖から解放し」たことにある。私は、冒頭に触れた論文で、今なおロシアでは世論調査で「スターリン時代が良い」が二三％もあることに注意を喚起したが[15]、この数字の原因は恐らく「失業の恐怖から〔の〕解放」ではないであろうか。

森岡氏は、「結論」として次の諸点を明らかにしている。

「こうして、社会主義経済では、資本主義経済に比して、雇用や労働強度の面で、労働力の売手としての労働者の立場は向上したが、商品の買手（消費財の需要者）としての労働者の立場は低下した」。

「労働者は、働くときにはより人間的な労働条件を要求するが、商品を購入するときには、企業の側からのはたらきかけを受けながら、基本的な必要をこえて、便利さ、快適さ、好みやこだわりを追求する」。これは極めて鋭い考察である。続けて「労働が人間の尊厳に適うものであるためには、労働条件の法的規制に加えて、消費者の側での欲求の一定の自制もまた必要である」と指摘する。

森岡論文は次の一句で結ばれている。

「ソ連社会主義は、品質や多様性の面での消費の豊かさを犠牲にして労働者を失業の恐怖から解放し、それによって、労働と消費の相反関係を浮き彫りにした。労働と消費は、人間生活の本質的な二側面である。資本主義の変革に関するいかなる構想も、消費における多様性・利便性・快適性をどこまで優先するか、それらの維持あるいはさらなる追求のために労働の側にどれだけの負担を課すか、という選択に向き合わなければならない」。

この鋭い指摘に正面から応えなくてはならない。

私は、次の一点については、森岡氏と意見を異にする。森岡氏は、前記の「生産手段の私的所有および利潤追求〔の〕除去」がもたらす帰結に関連して、「政治的・文化的自由は、国家が私的所有の原理を承認し、自らの介入の範囲に明示的な限界を設ける場合にのみ、内実を伴って存在できる」と書く。〈自由とは何か〉、これまた人類の永遠の問いとも言える難問であるが、「国家が私的所有の原理を承認」するということの一句が果たして時代超越的に真理なのであろうか。「問題の急所は『迅速かつ効率的』という基準が歴史貫通的に普遍的なのかどうかにある」と前記した点と重なる。

なお熟慮の余裕がないが、先に引用した「消費者の側での欲求の一定の自制もまた必要である」という一句をヒントに、新しい課題を一つだけ提示したい。

私は、一九九八年に提起した「〈協議経済〉の構想」において、生産物の引換えには〈協定評価〉が絶対的に必要であり、それは「(生産手段の内で生産物に転化されるFニーズ+労働Aワークス)×〈道徳的・社会的基準〉K[16]」として得られるとした(後に「社会主義の経済システム構想」では〈協議評価〉と変えた。『ソ連邦の崩壊』に収録)。詳しくはこの論文を参照してほしいが、そこに〈道徳的・社会的基準〉と明記した点に留意してほしい。このように記した時には明確に意識していたわけではないが、この〈道徳的・社会的基準〉の内実に、「欲求の一定の自制」が含まれる。ここに、経済学と道徳との接点が存在する。

翻って想起すると、資本主義についての経済学の原理論における核心点である〈労働力の商品化〉をめぐって、一九六〇年代に宇野弘蔵と梅本克己との論争で梅本が「労働力商品が人間主体から切り離すことができないという側面」を強調したこととも通底する。[17] さらにいくらか飛躍すれば、このことは〈社会主義と宗教との接点〉とも連接する(この問題については、別稿「社会主義と宗教との共振」で近く明らかにする。『フラタニティ』第八号=二〇一七年一一月、掲載予定)。

〈注〉

(1) 大河内一男編『現代日本思想大系15』社会主義、筑摩書房、一九六三年、二一六頁。
(2) 上島武・村岡到編『レーニン　革命ロシアの光と影』社会評論社、二〇〇五年、三頁。
(3) ピエール・フランク『第四インターナショナル小史』新時代社、一九七三年、三七頁。
(4) トロツキー『裏切られた革命』現代思潮社、二五四頁。
(5) 村岡到「誌面批評」『ソ連邦の崩壊と社会主義』七七頁。九八頁。
(6) デーヴィッド・レーン『国家社会主義の興亡』明石書店、二〇〇七年、一六頁。三三四頁。
(7) 不破哲三「赤旗」二〇一三年一一月二一日号。
(8) 村岡到『社会主義への国際的経験』稲妻社、一九八九年、一三六頁。
(9) 村岡到『ソ連邦の崩壊と社会主義』ロゴス、に収録。
(10) 森岡真史「マルクス主義の責任の明確化」。村岡到『ロシア革命の再審と社会主義』ロゴス、一六〇頁。
(11) 武田信照『ミル・マルクス・現代』ロゴス、二〇一七年、七四頁など。
(12) プレオブラジェンスキー『新しい経済』現代思潮社、一九六七年、三五頁。
(13) 村岡到『協議型社会主義の模索』社会評論社、一九九九年、に収録。
(14) トロツキー『裏切られた革命』二四八頁。
(15) 村岡到『ロシア革命の再審と社会主義』一一二頁。
(16) 注(13)、一〇五頁。
(17) 宇野弘蔵・梅本克己『社会科学と弁証法』岩波書店、一九七六年、一五四頁。

(季刊『フラタニティ』編集長)

「社会主義の主体的要件」について考える

山本恒人

はじめに

上島武氏の社会主義論について、岩林彪氏が「追悼上島武さんを偲ぶ〈ソビエト官僚制史観〉」において、[1]次のように述べている。「先生の研究はそもそもの初発からスターリン批判をその中心に据え、この視点からソ連社会主義、さらには社会主義一般を捉えるという方向が目指されている」。この視点について、岩林は上島社会主義論における固有性が、「あるべき社会主義の建設を担う主体のあり方、すなわちあるべき社会主義の主体的側面に関わっている」と指摘し、それが上島の「研究内容をその根本において規定している」と言い切っている。

そのうえで上島の考える「社会主義の主体的要件」を次のようにまとめている。＊社会主義社会を運営し、そこで生産を組織する主体は労働者、労働者の自発的組織とそのさまざまな結合体である。＊経済計画を作成し、実践し、その諸成果を点検しつつ新たな計画を作成するのも労働者自身である。＊労働者は自らの上に君臨する新たな階級や新たな人間集団、その機構を必要としない。＊社会主義はそこに要する時間は別として、国家と国家機関を構成する官僚を徐々に振り捨て、やがて不必要なものとする。＊人間を「物」の支配から解放し、「人」の支配から解放する。これが社会主義の究極の目的である。

岩林が描く上島武像をふまえ、上島武先生の理論的思想的営為に改めて敬意を捧げたい。私自身はソ連以降の「現実的社会主義」について「国家資本主義」とする議論に同意するものであり、[2]その点で上島先生とは異なる認識に立つが、「社会主義の主体的要件」を何よりも重視する点では上島先生の追随者といえよう。本稿では「社会主義の主体的要件」について初歩的に考察したい。

1 中国の「社会主義」をめぐって

A 村岡到氏の中国＝「党主市経社会」論について[3]

社会主義とは、「ただ『主張』『理論』として観念として存在しているだけ」のものでありロシア革命を含むこれまでの社会主義の経験は、「確定した内実はまだ無く、〈社会主義を志向する〉ものに過ぎなかった」。村岡はこのように指摘したうえで、中華人民共和国も「〈社会主義志向国〉として歩み始め、二〇〇四年以降は〈党主市経社会〉と規定するのが適切である」と述べている。

村岡によれば、「党主」とは「党主政」の略であり、「民主政」の対極にあるとする。「党主」の法的根拠は現憲法の規定「中国共産党の統率的指導」であり、その歴史的根拠は「中国革命の勝利」すなわち「中国共産党の活動を抜きにしては絶対に民族の独立と革命の勝利は実現しなかった」(「中国革命の最奥の意義」)ことにある。「市経」とは「市場経済」の略である。市場経済と資本主義経済とを同一視(「中国＝国家資本主義」論者)してはならず、「社会主義への志向性」をもった「市場経済」(憲法上は「長期にわたる社会主義初級段階」)社会とするのである。このように村岡の「党主市経社会」論にあっては、事実上「社会主義への志向性」は「党主」が保証するのである。

村岡は「中国を理解する要点」として中国における「政治システムや憲法」の存在意義を重視する。中国における社会主義の「内実が動揺し確定していない」にもかかわらず、「憲法にまで頻回に『社会主義』と書かれていることの意味を活かすことが極めて大切」であり、「二一世紀になっても〈社会主義〉はその目標に向かって人類が努力を重ねるべき理念なのである」と結論する。

村岡は「社会主義とは何か」についての自説を、ここではついに積極的には展開することなく、中国の「社会主義の内実」にも直接言及することなく、しかし、中国の国情と歴史的過程をふまえて、市場経済の下での「党主」すなわち「中国共産党の統率的指導」に強い期待を寄せ、それに社会主義の理念の追求を仮託するのである。

憲法を重視する村岡の所論と必ずしも矛盾するところではではないが、一九九九年の中華人民共和国憲法改正で、「社会主義法治国家」という概念が導入され、中国共産党第一八回大会第四回中央委員会全体会議(二〇一四年一〇月)でも「法治主義」の徹底が決定されたことに関連して、次の点を確認しておきたい。中国法に通暁する森川伸吾弁護士によれば、九九年憲法改正にいう「『法治』は，国家は国家権力が定めた法に従って統治されるという概念であり，国家権力を制限する『法』の存在を認める『法の支配』の概念とは別のものである。また、法の制定主体である国家権力は共産党により指導される存在である。したがって、この『法治』と『党治』(共産党による支配)は両立する概念である」[4]。森川は、「法治」と「党治」は両立する概念だと、穏便に表現しているが、「党治」が「法治」を抑え込む可能性を常に有しているという意味では、法が国家権力を制限する効力を最終的には持たない。すなわち、憲法の規定「中国共産党の統率的指導」は共産党への権力集中を超法規的に確立させる規定なのである[5]。言い換えれば、中国における「法治」とは、Rule of Law ではなく Rule by Law なのである。Rule by Law のもとでは、国民が真に主権者になる道に確たる保証はないに等しい。その意味では村岡による「党主」という命名は本質を突いたものというべきであろう。そして、繰り返しとなるが村岡はこの「党主市経社会」に社会主義の理念の追求を仮託するのである。

B　井手啓二氏の「党国社会主義市場経済」論について

村岡の「党主市経社会」論に触れて、すぐに思い浮かんだのは井手による「党国社会主義市場経済」論であった[6]。井手は「改革・開放政策により中国はすでに資本主義に到達した，あるいはその移行の途上にあると考えている代表的研究者」として矢吹晋，加藤弘之，関志雄三氏を取り上げて、中国の「社会主義市場経済化路線」を肯定的に評価する立場から、「三氏とも市場経済と資本主義を同一視されている。また社会主義とは伝統的社会主義に他ならないと理解されている」と批判している。

井手は、この議論の中ほどで端的に「私の現在の現代中国論は党国社会主義市場経済論である」と述べている。「党国体制」とは孫文の国家政治体制論に由来するシステムであり、「以党治国(党をもって国を治める)」である。西村成雄氏はこれを事実上の「主権在党的」政治体制と指摘している。(7) 井手は台湾の研究者が一九八〇年代までの台湾資本主義を「党国資本主義」と名付けていたものを借用した、と率直である。

以下、井手の「党国社会主義市場経済」論と村岡の「党主市経社会」論とを対照的に整理し、その共通点と相違点を明らかにしておきたい。

(1) 両者の共通認識

i　背景認識

両者とも、中国が中国共産党の「社会主義市場経済化」路線の下で、高成長を実現していると高く評価することを議論の前提としている。

ii　理論的認識

両者とも、中国を資本主義あるいは国家資本主義と認識する論者の基礎には、市場経済と資本主義とを同一視する視点があると、強い批判意識を持っている。村岡は「市場とは、貨幣を媒介とする生産物や資産の交換の場であり、資本制経済とは土地と生産手段の私有を基礎とした、賃労働と資本の対立を基軸とする、利潤を動機・目的とする生産であり、市場によって実現する」と認識する。井手は「市場経済は近代社会の共通基礎。それを人間・社会が主体としてマクロ制御するという構想である。これはF・ブローデルの、〈物質的生活、商品経済、資本主義〉という三層構造の資本主義理解と類似の理解に立っている。商品経済すなわち市場経済と資本主義はイコールではない」と認識する。究極的には両者とも「市場経済」を超歴史的なシステムあるいは超歴史的な機能を有すると見なしている。

iii　中国共産党の指導性に対する現実的接近と強い信頼

村岡の「党主市経社会」論は次のような現実的視点となる。「中国共産党の統率的指導」と憲法に明記されていること、同様に内実はないが憲法に「社会主義」が明記され、「社会主義への志向性」を備えていることに対して、村岡はこれらの「意味を活かす」ことの重要性を強調する。強い信頼とは、「一九四九年中国革命の最奥の意義」は、「中国共産党の活動を抜きにしては絶対に民族の独立と革命の勝利は実現しなかった」という指摘に尽くされている。

井手の「党国社会主義市場経済」論における現実的接近とは、「二〇世紀社会主義の貴重な経験は、市場メカニズム排除の社会主義システムは、持続不可能であることを明らかにした」が、「市場を利用した代替的社会主義の構想や試行が生じるのは必然であろう」という指摘に尽くされている。井手は「社会主義のエッセンスは、人間による経済の社会的制御の実現にある」と認識している。中国における「社会主義市場経済化」の進展は人間による経済の社会的制御を実現しつつあり、それは「社会主義の再生、社会主義の新しいヴィジョン」を示すと、積極的に「社会主義」だと判断する。さらに「この過程は中国政府、中国共産党という巨大な人間集団が制御し、規制して進められている」と、中国共産党の主導性、指導性に対する強い信頼を表明している。

(2) 両者の相違点

i　社会主義とは何か

村岡は、「マルクスは資本主義を超えるものを〈社会主義〉あるいは〈共産主義〉として打ち出した」と、この文脈では明示しているのみである。そのうえで「そこで掲げられた〈社会主義〉なるものは、歴史的には未だ地球上のどこでも実現したことはなく」、「〈未存・未知〉であった」とする。「確定した内容はまだ無く、〈社会主義を志向する〉ものに過ぎなかった」のである。その限りで判断は弾力的である。

これに対して、井手は二〇世紀の「伝統的社会主義」の存在を認めつつ、ソ連・東欧の「崩壊・自壊の巨大な衝撃の下で」、「中国は思い切った改革に踏み込んだ」とする。それが「社会主義市場経済化路線」であり、「社会主義の再生、社会主義の新しいヴィジョン」を示すものと評価したのであった。井手はその限りで、社会主義を「市場経済＋公有制主体＋労働に応じた分配主、目的は共同富裕の実現」と定式化している。

ⅱ　共産党の一党支配

村岡は、「〈プロレタリア独裁（一党独裁：引用者）〉と〈共産党の統率的指導〉とははっきりと区別されるべきである」と断じている。

井手は逆に、中国は「政治システムの面では一党支配体制を維持している」ことを認めている。そのうえで。「政治的自由化・民主化を着実に進めているものの、なお伝統的社会主義の枠内」にあり、「中国が政治システム面でも伝統的社会主義の枠組みを何時、どのように突破するのか」に関心を寄せつつ、「経済発展は近い将来大幅な政治的民主化を呼び起こすであろうことは確か」だ、と締めくくっている。

C　「党主市経社会」論と「党国社会主義市場経済」論の客観的特質

以上に明らかなように、両者は、村岡が「社会主義の志向性」を担うと限定をつけながらも、井手が社会主義は「一党支配」のもとで実現されているが、「一党支配」それ自体はやがて突破されると展望しながらも、少なくとも当面は両者とも「党主」もしくは「党国」体制が不可欠であると認識する点で共通するものである。村岡は時間的限定をつけず、井手は過渡的という意味で限定づけてはいるが、中国社会の「主体的要件」として「主権在党」的な意味での共産党の存在を、第一義に置く議論だと、私は捉えている。少なくとも、両者の議論には上島がいう意味での「社会主義の担い手」に関する議論は不在なのである。

2　「変革の主体としての社会」の意味するもの

A　受動体として論じられる社会

私が現在最も関心をもち、解明の必要性を感じているのは「社会主義の担い手」のことである。「二〇世紀社会主義」の究極の問題点と係る。言い換えれば、「党主」、「党国」を克服する担い手の理論的根拠の発掘である。幾度か言及し、批判を重ねて著者には失礼にもあたるが再論しよう。[8] 神野直彦氏の「市場を民主主義のもとへ」に用いられている図「市場社会の3つのサブシステム」である。[9] 三角形の上部頂点に立つ「政治システム」（国家）および底辺左頂点「経済システム」（市場）から、底辺右頂点「社会システム」（共同体）に向かって作用を表す矢印が引かれている。また「政治システム」（国家）から底辺左「経済システム」（市場）に向かっても矢印が引かれている。この矢印の意味は、新自由主義的な金融資本の膨張とその「社会システム」（共同体）への「浸食」およびそれによる社会の解体が、結果として「市場社会のバランス」を崩しているという現状に対して、「政治システム」（国家）が「経済システム」（市場）を「制

市場社会の三つのサブ・システム

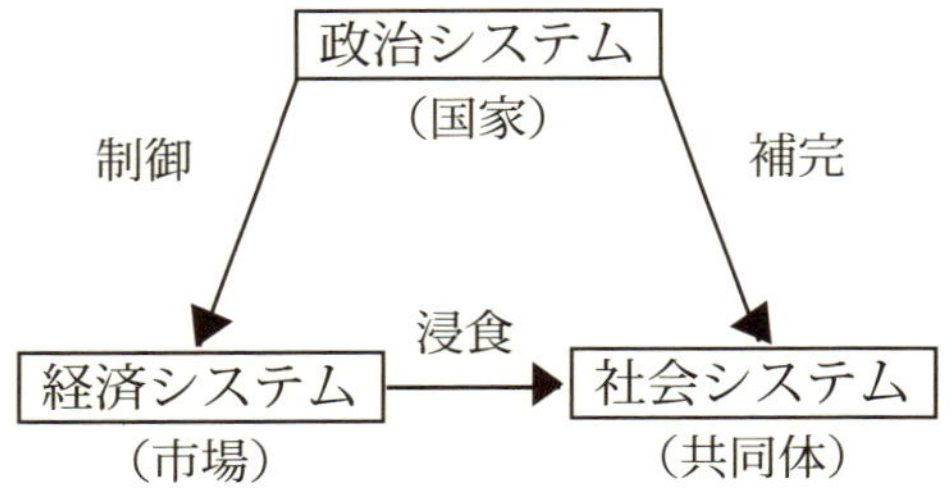

出所．神野直彦「市場を民主主義のもとへ」『世界』2013年11月号、p.102、図1。

御」し、「社会システム」（共同体）を「補完」あるいは救済しなければならないし、そうしてこそ「市場社会のバランス」を回復することができるという批判を表している。それ自体は、例えば日本の現状に対しても有効な批判であるし、好意的に見れば中国国家資本主義の現状をも見事に説明している、その図は、と当初受け取った。

しかしながら、「社会システム」（共同体）とはそのような専ら作用のみを受ける受動的存在なのか、当然、「社会システム」（共同体）の側から「政治システム」（国家）に対しても、また「経済システム」（市場）に対しても反作用があるはずである。このように考えることから、「社会システム」（共同体）の「政治システム」（国家）および「経済システム」（市場）に対する反作用とは何か、さらには「社会システム」（共同体）の主体性とは何かを考える機会を与えられたのである。その時に出会ったのが井汲卓一氏による「変革の主体としての社会」という発想であった。[10] 大著であり、序章、終章含む五章七節にわたって、マルクス、エンゲルスの言説をふまえつつ、その問題点をも摘出し、行きつ戻りつしながら独自の視点を提起するが、試論の域にあって、難解でもある。しかしながら、力強い論理的骨格を有し、「アソシエーション」論にも共有されるような重要な理論的問題提起となっている。なお消化不良ではあり、紙幅に限りがあって粗略ともなるが概観しておきたい。

B　社会による反作用もしくは社会の主導性

井汲の問題提起をテーゼ風に整理しておく。

「変革の主体としての社会」

社会：社会とは類的な共同的存在としての人間の意識によって生み出され、社会は人間の意識的意志的活動を通じて再生産される。

社会の変革：社会の再生産としての社会の変革は、旧社会の内部で本質的には異なる原理をもって胎生される。それは社会の構成員総体の新しい意識的社会的行為によって形成される。

革命：真の革命はその社会の文化の基本的構造を変革する文化革命である。政治革命は文化革命に従属してのみ真の革命でありうる。

権力：新しい社会は権力の奪取によっては生まれない。権力なき新しい社会はそのような内実をもった原理を旧社会において形成しなければならない。基本的な私的個人の権力を社会の権力として確立することこそ、その内実となる。

このような整理だけでは「実も蓋もない」という指摘を予期して、それらを支える論理の一端を見ておこう。「旧社会の内部で本質的には異なる原理をもって胎生される」というのは、例えば、井汲の次の説明が例示となる。「資本の上皮をとり去ればそこに本来的に社会化である社会化が実現するというものではない。社会化一般が資本の表皮のもとで発展しているのではない。だがマルクスの語るところは資本による労働の共同化社会化＝社会的組織化のなかで社会主義のための社会的組織化のための基本的形態が発展し、形成されているかの如くである。だがおそらくそれは完全な幻想である」。[11] また例えば、「権力」なき新しい社会を旧社会の内部で形成することの意義については、次のように述べている。「それは困難な闘いであろうが、権力を獲得して然る後にその権力を解体する社会をその権力を通じてつくり出し、その社会によってその権力を解体するというような、全く空想的で手の込んだしかも非現実的な展望に耐えるよりは容易である」。[12]

井汲の問題提起は次のように言い換えることができる。神野の図で専ら受動体とされているサブシステムとしての「社会システム」は、先ず、他の二つのサブシステムとしての「国家システム」に対しても、また「経済システム」に対しても作用する主体である。そればかりでなく、三つのサブシステムを包含する全体社会（この図の場合は「市場社会」）の運動原理において、「社会システム」がエンジンの役割を果たしていることを明らかにしようとする試みである。それは全体社会を統括する機能をもつ「国家システム」、全体社会を物質的に存続させる「経済システム」を含む全体社会を生み出し、再生産するためのエンジンなのである。エンジン（社会）は燃料なしには機能しないが、その燃料こそ人間の意識的意志的活動である。

おわりに

社会主義の主体的要件を論理的に探る作業は緒についたばかりであるが、社会そのものの主導性を原理的に提示している井汲の問題提起は、そのひとつのしかし有力な手がかりを与えているように思う。「一党支配」体制批判は「支配される」側の主導性の論理構築があって初めて有効となる。それは、上島が示す「社会主義の主体的要件」と重なる面があるが、当然にも相応の距離もある。いずれにしても、「党主」体制や「党国」体制を新しい社会・社会主義と何らかの仕方で連関させて論ずることの限界性について、理論的、実証的に明らかにしていく中で「社会主義の主体的要件」を理論的に定立することを目指したい。

〈注〉

(1) 岩林彪「追悼 上島武さんを偲ぶ〈ソビエト官僚制史観〉」『比較経済体制研究』（比較経済体制研究会）第二三号、二〇一七年五月

(2) 山本恒人「中国観察のための基本的要件について」『東亜』第五四三号、二〇一二年九月

(3) 村岡到「中国を理解する要点は何か？——憲法の度重なる改正が意味するもの」『フラタニティ』第五号、二〇一七年五月

(4) 森川伸吾「中国の国家制度の憲法的枠組み」『法律文化』一九九九年第四号（通巻一八九号）、http://www.lec-jp.com/h-bunka/item/v4/wtr/china.html（PDF、二〇一七年七月三〇日再確認）

(5) 山本恒人「中国における統治と「反腐敗運動」—民衆との関係性において—」『地域と文化』（大阪商業大学比較地域研究所）第一八号、二〇一六年二月

(6) 井手啓二「現代中国資本主義論に寄せて」『経営と経済』（長崎大学）九一巻第一・二号、二〇一一年九月

(7) 西村成雄『中国の近現代史をどう見るか』（シリーズ中国近現代史⑥）岩波新書、二〇一七年六月

(8) 山本恒人「国家資本主義中国の生命力と揺らぎ」『フラタニティ』第五号、二〇一七年二月。山本恒人「追悼 加藤弘之さんを偲ぶ」『比較経済体制研究』第二三号、二〇一七年五月

(9) 神野直彦「市場を民主主義のもとへ」『世界』二〇一三年一一月

(10) 井汲卓一「変革の主体としての社会」①～⑬『現代の理論』第二五巻（一九八八）一〇号～第二六巻（一九八九）一一号まで休載一回を挟んだ一三回連載。この議論は「構造改革論」の構成要件のようである。その批判的検討は「社会」を捉え直す過程で不可欠と思われる

(11) 前記井汲連載⑥、九六頁下段、九七頁上段

(12) 前記井汲連載①、九九頁下段

（大阪経済大学名誉教授）

上島武さんを偲ぶ会　呼びかけ

西川伸一（社会主義理論学会共同代表）

本年八月二一日に、大阪経済大学名誉教授で社会主義理論学会前共同代表の上島武氏が逝去されました。享年八一歳でした。

上島さんは一九三五年に神奈川県にお生まれになり、まもなく長野県に転居され、長野県諏訪清陵高校から京都大学経済学部、さらに同大学院に進まれました。一九六三年に大阪経済大学経済学部に奉職され、一九七五年に教授、翌年には学部長、その後図書館長、大学院委員長、教務部長を歴任され、一九九二年から三年間学長を務められました。

ご専門は社会主義経済論であり、とりわけソ連経済についてたくさんの論文・著作を発表されています。一九八九年には『トロツキーからゴルバチョフへ』（窓社）で、ペレストロイカをトロツキーのソ連論に立ち返って把握し評価するというチャレンジングな業績も世に問われました。一九八八年に社会主義理論学会を創設した時から二〇一一年まで代表委員や共同代表を務め、同学会の活動に貢献しました。

私自身は上島先生とお話ししたことは数回しかありませんが、先生の研究会での厳正な司会ぶりや的確なコメントは強く記憶に残っています。「高潔」という言葉がぴったりなお人柄だとお見受けしておりました。

ここに、上島武さんを偲ぶ会を以下の日時・会場で催したいと存じます。ゆかりのある多くの方々にご参集いただければ幸いです。

二〇一六年八月二七日

・呼びかけ人
岩田昌征　斎藤日出治　瀬戸宏　田中雄三　田畑稔　西川伸一（代表）　溝端佐登史　村岡到　山根献　山本恒人
渡辺一衛　（五〇音順）
・日時　二〇一六年一〇月八日　午後二時
・会場　明治大学駿河台キャンパス・リバティタワー八階の一〇八一教室（ＪＲお茶の水駅五分）
・スピーチ：上島さんの思い出
山本恒人（大阪経済大学名誉教授）
村岡　到（『フラタニティ』編集長）（各二〇分）　軽食
・会費　五〇〇〇円

上島武さんを偲ぶ会開かれる

上島武さんを偲ぶ会が一〇月八日、明治大学駿河台キャンパス・リバティタワーで開かれ、呼びかけ人の岩田昌征、田畑稔、西川伸一（代表）、村岡到、山根献、山本恒人氏など二二人が出席した。司会は西川氏。「上島さんの思い出」を山本氏（大阪経済大学名誉教授）と村岡到（『フラタニティ』編集長）がスピーチし、井出啓二、西川、加藤哲郎、本多三郎、田畑の各氏が想い出を語った。その後、場所を移して歓談した。

偲ぶ会には、関西から井出、田畑、本多氏も参加、社会主義理論学会の委員である紅林進、佐藤和之、平岡厚氏も出席した。偲ぶ会では、三五人から寄せられた哀悼の言葉をプリントして配布した。

偲ぶ会の出席者には資料を送付。呼びかけ人の斎藤日出治氏からのカンパもあり、会の収支はわずかな黒字だった。

以下は、山本氏と村岡氏のスピーチの要約である。

集会での追悼の言葉

上島武先生を送る

山本恒人

二〇〇三年三月、六七歳で、教職生活四〇年、定年三年を残して退職（教員の定年を七〇歳から六七歳に引き下げることは先生の年来の持論でした）。先生曰く、二つの「五カ年計画」を立てておられました。ひとつは、「在職中に果たせなかった専門研究の中でせめてこれだけは」と考えていた『ロシア革命史論』の上梓。これは二〇〇八年。もうひとつは、「四〇年も働き続けたのだから余生を自分の趣味に費やしてもよいではないか」と思われた『万葉集ノート』の上梓。これも二〇一一年。共に窓社から刊行されましたが、2つの五カ年計画は二年を余して達成されたことになります。いかにも上島先生らしい。

私、山本と上島先生には三つの大きな接点がありました。

①かなり困難な環境の中で、私の経済学部教員採用のため心を砕いていただいたこと。三六歳の博士課程修了直前の、まだ三本の業績しかない、はなはだ怪しげな男に経済・経営・教養からなる全学教授会は当惑したに違いありません。それまでに上島先生とは面識は全くありませんでした。そんな男についても毅然と意思を貫かれる先生でした。

②一九八三年上島先生は教職員の待望をになって教職組執行委員長となられました。すでに経済学部長、大学院委員長を担った「大物教授」としては珍しい人事であったといえます。当然、私も先生を支えようと執行委員の一員に加わりました。先生は今組合に求められているものは何かを、冷静に、民主的に議論されました。この時に始まった「教研活動」は現在に至るまで、経済大学における教育・研究の在り方を支える理念として生き続けています。学園の空気は先生に教務部長を担当させ、一九九二年には学長まで引き受けさせることとなりました。私も経験不足の身で法人理事となり、支える役目が回って参りました。

③私生活では、ご自宅から自転車で五分の距離にある「書斎」によく伺いました。先生は酒を用意され、私はつまみを作り、夜更けまで語り合うこともありました。あまり大勢でがやがや飲む会は好まれず、気に入った友人、仲間を誘うのが小料理屋であり、いなせな女将が取り仕切っておりました。

研究者としての先生は今日お集りの皆さんのほうがよくご存じです。

近辺に垣間見た先生の生きざまひとつふたつお話ししたいと思います。

ご想像いただけるかと思いますが、上島先生は行政マンとしては淡泊すぎて向かなかったといえましょう。学長が主宰する教学執行部は自ら選任するシステムになく、多種多様な人々に囲まれておりました。いずこも同じ、主義主張をめぐるレッテル貼り、嫉妬や権力志向からくる妨害が絶えない空間でした。あるとき私が見かねて、執行部内のある人物が先生の施策を裏で妨害、暗躍していると告げたことがありました。先生は珍しく、目を吊り上げて「学長たるもの、執行部配下を信頼せずしてなんとなる」ときっぱり斥けられてしまいました。先生を支えようとするものにとってはなんとも苦労が大きかったことを思い出します。とはいえ、それも主体性を重んじ、義に生きる古武士然とした上島先生の骨格のなせる業であり、力や流れに振り回されることのないブレのない生き方の現れでもあったのです。そう、上島先生は独立的主体相互の議論と深い交わりを大切にする人でしたが、非主体的に徒党を組んだりすることには心底馴染めない人でありました。

先生の退職直前、経済学部のカリキュラム委員会から、改革提案と退職後の先生のご担当科目への措置とを重ねて、「社会主義経済論」四単位を「比較経済体制論一および二」の四単位に変更したい旨提案がありました。先生は普段は中堅・若手が審議を重ねた提案をあれこれ言われることはなかったのですが、この時だけは「社会主義経済論」の存続を毅然と、論理立てて主張されました。先生も自らを振り返られたのか、最後は「懇願」といった姿勢で控えめに発言を終えられました。私も驚きながら、「上島武ここにあり」との感を深くいたしました。その結果、現在も大阪経済大学では「社会主義経済論」二単位、「ロシア経済論」二単位という全国でも稀有な科目として、学生たちの履修が続いております。

大学退職後、各学会を退かれ、大学の名誉教授の会にも一度も顔をお見せになりませんでしたが、唯一、「社会主義理論学会」だけは共同代表として、二〇一一年に体調低下のため辞退されるまで皆さんと共にあったのは、「社会主義理論学会」に対する先生の深いアイデンティティを物語っております。皆さんに本日このように見送っていただけますことを上島先生は本当に喜んでいらっしゃることと存じます。ご来席に心から感謝申し上げます。

1983 年　経大教職組委員長として

上島さんの想い出

村岡　到

私と上島さんとの出会いは、一九八六年に福島大学で開かれた社会主義経済学会の時だったと記憶しています。私はこの大会に出席し、入会を申し込んだのですが、それを決める委員会だかで「村岡は大学に所属していない」という理由で反対する人がいた。その時、上島さんと亡くなった上原一慶さんが入会に賛成してくれたおかげで入会でき、宿泊したホテルの近くで上島さんらと酒席を共にしました。

八八年には社会主義理論学会を創設するために一緒に努力し、上島さんは代表委員になりました。

上島さんは、スターリン主義がまだ強い影響力を持っていた時期に、トロツキーを客観的に評価する先駆けの一人として先駆的な業績を残しました。

何度も私が出していた雑誌などに執筆していただきましたが、校正ゲラにほとんど直しがない原稿でいつも驚いていました。文章もきれいでした。

一度だけ「村岡君、済まん、あれは僕の間違いだった」と一言だけ告げられたことがありました。レーニンは「計画経済」とは一度も書いていないと、私が書いた後に、「そんなことはない」と批判を加えられたことがあったのですが、それを訂正したのです。真摯（紳士）な人だなと思いました。

上島さんはソ連邦崩壊の後にモスクワを訪問し、多くの人たちが教会に列をなして群れている場面に遭遇して、宗教の意味・大きさを痛感して「社会主義と宗教」という課題を意識したと、論文で明らかにしました。

ソ連邦崩壊の後の「社会主義離れ」の風潮に抗して、社会主義理論学会が存続することになった力の一つは上島さんでした。

ご冥福を祈ります。

集会に寄せられた追悼の言葉

出席予定の方

井手啓二（長崎大学・立命館大学名誉教授）

上島武先生の逝去は思いがけないことでした。この二年、恒例の新年会には「元気だが、自重している」というメッセージが伝えられていて、ご欠席が続いていた。私は比較的近所に住んでおり、行こうと思えば簡単なのに機を逸したことを極めて残念に思っています。

私は三年前まで二〇年間京都を離れており木原研究会グループ（月曜会、京大グループ）周辺の人々との付き合いが少し薄くなっていて、新年会での雑談・放談は貴重な機会で二年前に私が報告した際にはいつもの調子で批判的コメントいただいた。「あなたの中国論はいただけない。あなたからみれば私は守旧派ですね」という例によって距離をとったクールな発言をいただいただけに、嵐山の喫茶店でも食い下がったが、それ以上の話は避けられた。いかにも上島先生らしい対応であった。

上島先生のこうした態度は私が知る限り若いころからずっと一貫していた。この五〇年そうであった。人間関係に距離をとり踏み込まない、最も知識人的で紳士的振る舞いで、私などは暖かく見守るだけでなくもっと踏み込んで批判・助言してほしいと思うことも度々であったが、いつしか上島流ということで納得していた。私としては先輩である上島武先生にお世話になり通しであった。私にも残された時間は長くないと思うが、後輩諸氏に少しはお返しをしたい気持ちです。

紅林　進（フリーライター　社会主義理論学会委員）

私は上島武さんとは、同じ社会主義理論学会に属したものの、個人的にはほとんどお話する機会がありませんでしたが、ソ連や社会主義に関する多くのご著書から多くを学ばせて頂きました。ありがとうございました。

ご冥福をお祈り申し上げます。

加藤哲郎（一橋大学名誉教授）

昨年五月の藤井一行教授をしのぶ会に、上島さんは出席したいとのことでしたが、体調がおもわしくなく、かないませんでした。

また一人、巨星墜つ、です。

佐藤和之（佼成学園中高等学校教員　社会主義理論学会委員）

学会の会の休憩時間に「タバコ友達」でした。

上島武先生は一貫して社会主義のソ連邦にこだわり続けた研究者でした。さらにウクライナ経済の混迷を見通していました。ソ連時代に形成された各地域の産業構造をよく把握されていたからでしょう。故人の業績に学び、少しでも遺志を受け継ぎたく思います。

田畑　稔（季報『唯物論研究』編集部）

一九九〇年一二月二三日に、大阪哲学学校で「社会主義再生の条件」と題して上島さん、いいだももさん、広松さんの三人の報告、私の司会で、シンポジウムを行いました。三人とも故人となられたわけで、歴史もあれからずい分進展しました。

いろいろの御協力に感謝します。

本多三郎（大阪経済大学名誉教授）

大阪経済大学に勤めるようになって間もない頃、私が教授会などで発言する際、無意識のうちに枕詞「よく解らないのですが」と発していると、上島さんより「本多君、それを言うのは止めたまえ。君はよく解ってるのだから」と指摘されました。

上島さんとはいろいろなことで御一緒させていただきました。大阪は高槻の、上島さん好みの店で二、三度、杯を交わすこともありました。もう黄泉でやるしかなくなったのですね。

山根　献（社会主義理論学会委員）

「疾風に勁草を知る」という言葉がよぎった。風に強い草。節操の堅さ、意志の強さ。大切なことは決して見逃さぬという方でした。すばらしい歴史体験をご教授していただきました。

お別れを惜しみつつ、いまはただご冥福をお祈り申し上げなければなりません。さようなら。

以下は欠席通知の方

芦田文夫（立命館大学名誉教授）

八月二三日の家族葬には、木原正雄研究室の代表として参列させて頂きました。

畏友上島武さんとは終生のよき討論相手・飲み友達でした。独り静かに、冥福を祈らせて頂きます。

生田頼孝（文学博士・立命館大学）

上島先生の著書・訳書などで色々と勉強させていただきました。有難うございました。

海野八尋（金沢大学名誉教授）

体調不良のため参加出来ません。社会主義論を、実在した社会主義の失敗から再構築しようとした上島さんに敬意を表し、その仕事を引き継ぎたいと思います。

大西　広（慶応大学教授）

私の場合、上島先生とはあまり接点がなく、一度しかお会いしたことがないのですが、その際は大変に紳士でありました。社会変革への強い意志を秘めつつも紳士であるという、大変に尊敬のできる先生でした。

ご冥福をお祈りいたします。

岡本磐男（東洋大学名誉教授　社会主義理論学会共同代表）

八月末日、ご逝去の報に接し、一驚いたしました。

お元気であった頃は、社会主義理論学会において二人で共同代表を務めておりましたことを想起いたします。数年前には、古典的な和歌の著作をお送りいただき、学兄の趣味の広さに驚きました。

私も体調をくずしておりますので、残念ながら欠席させていただきます。心よりご冥福を祈ります。

加々美光行（愛知大学名誉教授　アジア経済研究所名誉研究員）

四〇年ほど前、山本恒人さんと、京都駅の裏手にある新都ホテルのロビーでコーヒーを頂きながらお会いしたのを憶い出します。上品なすてきなお姿でした。一生、そんな風でした。

さようなら。

鎌倉孝夫（埼玉大学名誉教授）

上島さんの本は読ませていただいておりますが、直接の付き合いがありませんでした。自分の分析基準を確立し、現状を評価する点で凄い研究者だと思います。

木村英亮（横浜国立大学名誉教授）

社会主義理論学会での理論的・組織的なお仕事、ご苦労さまでした。

私は同年ですが、早いご逝去に驚いております。

斉藤日出治（大阪産業大学名誉教授　社会主義理論学会委員）

上島さんとは社会主義理論学会でお会いしたのが最初ですが、私と同じ長野県諏訪清陵高校の出身だということを知ったのはそれからだいぶあとになってでした。一〇年ほど先輩で、名簿のなかにお名前を見つけて驚きました。卒業生の多くは東京に行くので東京の同窓会はかなりの規模ですが、関西は少数です。しかし同郷意識の強い同窓生が、関西でも集まり、上島さんはその会長を務められ、熱心に同窓会の活動に取り組まれていました。私もお誘いを受けて関西の同窓会に出席したことがあります。上島さんはご専門のロシア革命史研究で多くの業績を残されただけでなく、退職後は万葉集の研究書を出されるなど多彩な仕事をこなされ、ご自分の才能を存分に開花されました。大阪経済大学の学長を務められるなど、教育行政にも貢献されました。これからの日本にとって貴重な方を失ってしまったという喪失感を強く感じます。

ご冥福を心よりお祈りいたします。

佐々木洋（元札幌学院大学教員）

上島先生。今から三八年前に、中野・藤井・高岡編著『スターリン問題研究序説』に拙論を載せてもらった際に、上島先生のご本から多くを学ばせていただきました。ご冥福をお祈り申し上げます。

重森　暁（大阪経済大学名誉教授）

上島先生と私は、この数年、同じ島本町の住民として過ごしました。大阪最北端、京都府の大山崎町と接する人口三万人ほどのこじんまりとした町です。

この小さなおだやかな町の、それもごく近所に住んでいました。そこで、散歩の途中でばったり出会うといったこともよくありました。そのたびに先生は簡潔に近況を語ってくれました。そうした出会いがしばしばあったことが、今は懐かしく思い出されます。いつまでもそうした出会いがあるものと思っていましたが、今やかなわぬこととなりました。寂しさがつのります。

いつも紳士で悠然と構えていた先生のご冥福を祈るばかりです。

竹内敏夫（元サラリーマン　年金生活者）

本来の「社会主義」を研究・検討される方が亡くなっていくのは残念です。

ご冥福を祈っております。

武田信照（愛知大学名誉教授）

手術予定直後の日程で出席できません。

上島さんとは一度もお会いしたことはありませんが、お名前は存じ上げており、お仕事もごく一部ながら読んでいました。

訃報続きの最近ですが、ご冥福をお祈りします。

徳永光俊（大阪経済大学名誉教授）

上島先生のご冥福をお祈りいたします。

先生とは、私が大阪経済大学に勤めて以来（一九八五年から）教授会やその他で時折お話をさせて頂きました。私は農業史の研究をしていましたので、ソビエトの農業、今後の世界農業などにも話が及びました。先生はいつでも、酔っていても、理路整然とお話されていたのが、印象深く残っています。そして「おぬしの考えは、ナロードニキだね！！」といつも釘をさされておりました。

上島先生、いつも、ありがとうございました。　合掌

長砂　實（関西大学名誉教授）

今は亡き上島武君へ

小生より早く逝ってしまって残念です。仲良くしていただき有難うございました。

Going my Way を見事に貫いた人でした。　合掌

松尾　匡（立命館大学経済学部教授）

ご逝去おくやみ申し上げます。

何人もの呼びかけ人が集まって「偲ぶ会」が組織されることに、故人の人徳を感じます。お世話される方々はお骨おりのことと存じます、尊敬いたします。

松原和男（大阪経済大学名誉教授）

上島さんと私は、同じ年二〇〇三年の春に大阪経済大学を退職しました。あの三七年間、ここでは書けないことも含めていろいろなことがありましたが、今はただ三七年間の想い出のなかで、かれを偲んでいます。

渡辺一衛（思想の科学研究会会員　社会主義理論学会元委員）

二〇世紀は多くの人たちが社会主義に希望を託し、そして裏切られた世紀であったと思います。

上島さんと私とでは出発点は異なっていますが、思いは同じであったと思います。社会主義理論学会でご一緒でき、ご意見をうかがうことができて、よかったと思っています。

長野県立青陵高校の同窓生から

熊井巻夫（諏訪清陵高校第五八期生、一九五四年度卒）

ご連絡有難うございました。驚いています。上島さんは私の一年先輩です。三年生の時に生徒会長をされました。学業成績も優秀でトップを走っておられたので（当時は三年生は学期毎に一位から名前と得点が壁に張り出されていました）東大の合格発表の時にお名前がなかったので不思議に思っていましたら、後日に続いて京大の合格発表があり上島さんの名前がありました。当時はマル経（マルクス経済学）が盛んで京大がその面で優秀だったので京大を選んだと仄聞し、上島さんらしいと思いました。

私の清陵の同級生でやはり京大の経済に行った鷹野原君によると、上島さんはマル経だったので就職できず、研究者の道を選んだとのこと。その後、学者として大成されて大阪経大の学長もされました。関西清陵会に対するご貢献は周知の通りです。ご冥福をお祈り致します。

赤羽義章（福井県立大学名誉教授）

上島武様のご訃報に接し悲しく想いを致しております。高校時代の上島さんについては、熊井巻夫さんが詳しくなさると思いますが、少しだけ追加することをお許し下さい。

上島さんは長野県上伊那郡辰野町の小学校、中学校の二年上級で、家も近くでした。生徒会や全校発表会などでの活動も思い出します。家でこのことを話すと、母が「栴檀は双葉より芳し、大成する人は幼いときから人並み外れてすぐれている。きっと立派な人になるよ」といいました。諏訪清陵高校に入学すると、三年生の上島さんは学業成績がトップクラスだけでなく、学友会長として丁度起きたビキニ環礁でのアメリカの水爆実験（一九五四年三月）による遠洋マグロ漁船第五福竜丸被ばく事件の校内ＰＲなどの問題にも取り組んでいました。

遅ればせながら京大に入って、上島さんの下宿を訪問したとき、多くの原書の蔵書に驚きました。その中にはロシア語のものがかなりありました。上島さんが、東大でなく、京大に進学されたのは、マル経（マルクス経済学）を研究するためだったのだと実感し、そんなことは一切考えずに、大学に進学したことをすごく恥ずかしく思いました。

その後も時々お目に掛かりましたが、上島さんが清陵高校同窓会関西支部を立ち上げる少し前に、私が製薬会社の研究所から福井県立大に移ったため、ご無沙汰してしまいました。大阪経済大の学長をされたり、学会活動でもご苦労が多かったと思いますが、素晴らしい優秀な人材を失くし、残念でなりません。

ご冥福をお祈りするばかりです。

上島武先生の略歴と業績目録

略　歴

1935 年 8 月 5　日　長野県辰野町（現）にて出生

2016 年 8 月 21 日　没

学　歴

1954 年 3 月　　長野県諏訪清陵高等学校卒業

1958 年 3 月　　京都大学経済学部卒業

1963 年 3 月　　同大学院博士課程単位取得退学

職　歴

1963 年 4 月　　大阪経済大学経済学部専任講師

1974 年 5 月　　同教授

1975 年 4 月　　同 経済学部長

1992 年 11 月　　同 学長（1995 年 10 月退任）

2003 年 3 月　　大阪経済大学退職　同名誉教授号授与

主要業績目録

1974 年　『現代社会主義経済論』（共著、岡本正・建林隆喜）日本評論社

1977 年　『ソビエト経済史序説・ネップをめぐる党内論争』青木書店

1981 年　『模索する現代社会主義』世界思想社

1985 年　『転機に立つ社会主義』（共著、井手啓二・山本恒人）世界思想社

1987 年　『トロツキーとゴルバチョフ』（共著、中野徹三・藤井一行）窓社

1989 年　『トロツキーからゴルバチョフへ』窓社

1992 年　『冷戦後の世界と日本』（共著、坂井昭夫・岩垂弘・松村文武）同文館

1996 年　『ソ連崩壊史・ペレストロイカの教訓』窓社

1999 年　『ソ連史概説・私の社会主義経済論』窓社

2003 年　『ロシア革命・ソ連史論』窓社

2005 年　『レーニン・革命ロシアの光と影』（共編、村岡到）社会評論社

2008 年　『ロシア革命史論』窓社

2011 年　『万葉集ノート』窓社

退職時の『大阪経大論集』Vol.54 No.2（退職記念号）に、2003 年までの上島武教授「著書、論文、書評、その他」目録が掲載されている。

あとがき

村岡到

上島武さんと最初に出会ったのは、一九八六年に福島大学で開かれた社会主義経済学会であった。私の入会をめぐって反対する委員がいて、もめた時に上島さんが筋を通して入会を認めるように配慮してくれた。その後、八八年に社会主義理論学会を創設する時に協力しあい、上島さんは代表委員（後に共同代表と改称）になった。でもお住まいが関西なので、じっくり話をする機会はほとんどなかった。そのころ、いわば「新・親トロツキー三人組」が共産党系世界から現れ、話題となった。三人とも社会主義理論学会の会員になったが、他の二人は早くに会員ではなくなった。上島さんは最後まで集会などに参加し、いつもお声を掛けていただいた。

二〇〇五年には、二人で編集して論文集『レーニン　革命ロシアの光と影』（社会評論社）を出した。この論文集は、前年に開かれたシンポジウム「レーニン没八十年記念――現代世界の課題とレーニン」での報告などを編集したもので、上島さんは「ロシア革命と宗教」を執筆した。マルクスの「宗教アヘン論」はよいが、レーニンの「偏見」論は良くないというものだった。私は〈社会主義と宗教との共振〉にたどり着いた。今なら、突っ込んだ議論が出来たのにと残念である。

晩年に、『万葉集ノート』を寄贈され、幅の広い見識に驚いた。

訃報を聞いて、すぐに山本恒人さんの協力を得て、追悼の会を開くことができた。この会への出欠ハガキに添えられた一筆を掲載許諾を得たうえで論集に収録した。上島さんが卒業した長野県諏訪清陵高等学校の後輩である斉藤日出治さんのご協力によって、同校の同窓生からの弔辞をいただくことができ、高校時代の貴重なエピソードが得られた。記して感謝します。

上島さんの写真を送っていただいて、そのなかにデモの先頭に立つ姿を発見！　上島さんは教職員組合の委員長もされていた。組合の委員長だった人が学長にもなるのは珍しいのではないか。私は一九六〇年代に東大の職員だった時期に東大職員組合の執行委員になったことがあったが、各学部の組合のトップは教授や助手たちであったことを思い出した。

上島さんと接点を保持することが出来て、本当によかったと思います。深謝します。

論文を執筆していただいた方に深く感謝します。上島さんも喜んでくれるに違いありません。

なお、写真は「大阪経済大学研究支援・社会連携課」および「同広報課」から快く提供していただいた。記して感謝いたします（五三頁の写真は山本さんから）。

（二〇一七年九月一日）